Chapter 3

第一步　灌溉花朵

目錄

目錄

Chapter 8

重新開始的故事

《序》

一個人的幸福

一行禪師

正念的修習也是愛的修習。對夫妻來說，搬到一起住之前，如果都能來我希望有朝一日能創建的「一個人的幸福」研究所修習，會是很有益的。研究所會有一個為期一年的項目，但只有一門課程：**深觀**。在這一年的時間裡，學生將修習如何深入觀察自己的內在，發現存在於他們內在的所有花朵和堆肥，這源於他們自己，也來自祖先和社會。當他們「畢業」時，會收到一份證書，上面寫著他們已準備好搬去與所愛之人同住了。

如果人們不花足夠的時間瞭解自己、解開內在的結使，在步入一段與他人的關係時，他們的結合就會十分困難。

當我們進入一段關係，會有興奮、熱情和探索的意願，但通常我們尚未真的瞭解自己或他人。當我們與一個人朝夕相處，會看到、聽到和經歷很多之前不曾看過或想像的東西。

當我們墜入愛河，會為伴侶創造一幅我們投射給對方的美麗圖景。但當這幅幻象消失，發現與另一個人一起生活的現實時，我們可能會感到錯愕。除非懂得如何一起修習正念，深觀自己與伴侶，否則可能會發現這份愛難以維持。

在佛教心理學中，samyojana 一詞指結、結纏或結使。例如，當有人對我們說了不善之言，我們不明白對方為何這樣說，於是變得懊惱，一個結就在內心形成了。缺乏理解，是形成一個個結的根本。修習正念，我們可以學習在它們形成那一刻便認出的技巧，並迅速找到解開的方法。我們的頭腦很難接受如憤怒、恐懼和遺憾這樣的負面情緒，所以會設法將這些情緒隱藏在心識深處。我們創造了複雜的防禦機制來否認它們的存在，但這些有問題的感受總試圖浮現。結使在形成的那一刻、仍然鬆動的時候，更需要我們全然的覺察和關注，如此便容易解開。若非如此，這些結就會變得更緊、更強。

處理無意識裡的結使，第一步是試著將它們帶入意識層面。我們禪修，修習有意識的呼吸，便是為了有機會接觸它們。它們可能透過圖像、感受、想法、言語或行為來顯現自己。在覺察到焦慮的感受時，我們可以問：「當她那樣說時，為什麼我會感到不舒服？」或是「為什麼我會一直那樣做？」或者「為什麼我這麼討厭電影中的那個角色？」

仔細觀察自己，便可以看到內在的結。當我們用正念之光照亮它時，它便開始顯露自己的真容。繼續注視，我們也許會抗拒，但如果我們發展靜坐和觀察自身感受的能力，結使的根源便會慢慢顯露，給予我們解開的線索。這樣修習，我們便能開始瞭解內在的結，並與自己和平相處。

當我們與他人一起生活時，這樣的修習是很重要的。為了彼此的幸福，當我們自己製造出的結升起時，必須學會轉化它。一位女士告訴我，在她婚後三天，由於丈夫的一些言行，她的心裡形成了幾個大的結，並藏了三十年。她擔心告訴丈夫會引發爭吵。像這樣沒有真正的交流，我們如何快樂？當我們在日常生活中缺乏正念時，便為自己愛的人播下了痛苦的種子。

如果伴侶之間的結不多，正念生活並不難。雙方可以一同檢視形成結的誤會，然後解開它。例如，當你聽到丈夫向朋友誇大自己所做之事，可能會感到對他的某種不尊重，並在心裡打了個結。但如果馬上與他交流，你就能清晰地理解他，這個結也就容易解開。

一起修習正念生活的藝術，可以幫助彼此成功解開心結。我們會發現，他人就像我們自己，內在也有鮮花和堆肥。我們接受這一點。我們的修行是澆灌他人的花朵，而不是帶給他們更多垃圾。我們避免責備和爭論。當我們在花園種花時，如果花長勢不好，我們不會去責備花朵或與之爭論，我們會問自己可以做什麼來幫助它開花。你的伴侶也是一朵花，如果好好照顧，她會美麗地成長；如果照料不周，她會枯萎。為了幫助花朵長得好，我們需要瞭解它的本性。它需要多少水？多少陽光？當我們深入觀看花朵，你會看到自己的本性，他人也將看到他們自己的本性。

「真如」（suchness）是一個佛教用語，意思是真實的本性。萬物都有自己的真如，問題是如何辨識。橘子有自己的真如，所以我們不會將它與檸檬混淆。在梅村，我們用煤氣做飯並瞭解它的真如。它可以非常危險——如果在睡著時洩漏到房間，並且有人點燃火柴，它就會殺死我們。但我們也知道丙烷可以幫助我們烹飪一頓美味的餐食，所以我們邀請它進入房子，與我們和平共處。

釋放錯誤的認知

我聽過一個故事，講的是越南一家精神病院的病人。他看起來很正常，像其他人一樣吃飯、說話，但他認為自己是一粒玉米，每當看到雞，就會逃命。他不知道自己的真如，對自己有嚴重錯誤的認知。他是一個人，卻將自己視作一粒玉米，有被雞吃掉的危險。

醫生告訴他：「先生，你不是一粒玉米，你是一個人。你有頭髮、眼睛、鼻子和手臂。」他給病人講了類似的一段話，然後問：「先生，現在你能告訴我，你是什麼嗎？」

這個人回答道：「醫生，我是一個人，我不是一粒玉米。」醫生很開心，感覺自己大大幫助了這個病人。為了確保，醫生請他每天重複說四百遍「我是一個人，我不是一粒玉米」，並在紙上再寫三百遍。他全身心投入其中，再也不出門，待在房間裡重複說、寫醫生的處方。

一個月之後，醫生來看他。護士報告說：「他做的很好，待在房間裡認真勤奮地做你給他的練習。」

醫生問他：「先生，你感覺怎麼樣？」

「非常好，謝謝你，醫生。」

「你可以告訴我，你是什麼嗎？」

「當然，醫生。我是一個人，我不是一粒玉米。」

醫生很高興：「過幾天我們就會讓你出院，請跟我來辦公室。」然而當醫生、護士和病人一起走向辦公室時，一隻雞走過，這個人迅速跑開，醫生也抓不住他。一個多小時後，護士才把他帶回辦公室。

醫生不高興了：「你說你是一個人，不是一粒玉米。那你看到雞為什麼還跑走呢？」這個人說：「我當然知道我是一個人，不是一粒玉米。但我怎麼確定雞也知道？」

禪修是深觀萬物本質，包括我們自己的本性，和我們面前的人的本性。當我們看見對方的真性，也會發現他的困難、志向、痛苦和焦慮。我們可以坐下來，握著伴侶的手，深情地看著他或她說：「親愛的，我是否足夠理解你？我理解你的希望、你的喜悅、你的痛苦、你的恐懼、你的志向和你的夢想嗎？我灌溉了你痛苦的還是快樂的種子？我想知道，以免讓你受苦，並更加澆灌你喜悅的種子。請告訴我，如何以最好的方式愛你。」如果我們從心靈深處這樣說，他或她可能會哭泣，這是一個好的跡象，意味著溝通的大門正在打開。

愛語是正念生活的重要面向。每當別人做得好，我們應該表達祝賀和認可，對孩子來說尤其如此，我們必須增強孩子的自尊心。為了幫助孩子成長，我們欣賞與祝賀他們說好、做好的每一件事，而不是將其視作理所當然。如果他人表現出了愛與創造幸福的天賦和才能，我們應該有所覺知，並表達自己的欣賞。這便是澆灌幸福種子的方式。讓我們避免說出令人氣餒的話，如：「我懷疑你能把這個做好。」反之，我們可以說：「這很難，親愛的，但我相信你做得到。」這種談話會令對方變得更強大。

出現問題時，如果我們足夠冷靜，就全然能以愛與柔和的方式討論；如果不夠冷靜，我們應該不說話，我們可以正念呼吸一會兒。如果願意，還可以在清新的空氣中行禪，看著樹木、雲朵或河流。一旦我們平靜下來，能夠使用愛的語言，就可以一起交談了。在交流過程中，如果懊惱的感受又升起，則可以再次停下，呼吸。這即是正念。

我們所有人都需要改變和成長。如果進入婚姻，我們可以承諾共同改變和成長，分享彼此修行的果實。當我們成為一對幸福的夫妻，有了理解與和諧，就很容易將自己的幸福和喜悅傳遞給更多的人。

對於在一起生活了十年或二十年的人來說，這樣的修習也很重要。你也可以參加我們的「一個人的幸福」研究所，繼續修習正念生活，向彼此學習。你也許覺得自己已經瞭解關於配偶的一切，但事實並非如此。物理學家研究電子多年，仍不會聲稱自己瞭解關於它的一切。你如何能認為自己瞭解一個人的一切？

當事情變得非常困難時，人們會傾向於考慮離婚。相反的，我希望你能努力維持你們的結合，帶著更多的和諧與理解回到配偶身邊。很多人已離婚三四次，仍在不斷犯同樣的錯誤。如果你能花時間打開心靈的交流之門，與彼此充滿愛地分享自己的痛苦與夢想，不僅這段關係會更融洽，你的孩子，與你的社群也會從你們的努力中受益。

在梅村（或「一個人的幸福」研究所準備好營運時），每週都會修習「重新開始」。在這項修習中，團體的每個人圍坐成一圈，中間放著一盆鮮花。等待主持人開場的時候，我們隨順自己的呼吸。**「重新開始」有四個步驟：灌溉花朵，表達歉意，表達傷痛與困難，確認和詢問更多訊息。**這項修習有助於避免受傷的感受累積數週，為家庭和社群中的每個人創造一種安全的溝通方式。

當有人準備好發言時，會雙手合十，其他人也合掌致意她發言的權利。然後她站起來，滿懷正念地走向花朵，拿起花瓶，返回座位，將花放在自己面前。當她表達時，她的話語映照著她面前鮮花的清新和美麗。

首先，我們修習灌溉花朵。灌溉花朵時，發言者表達對他人的美好特質的認可。重要的是，這並非奉承。我們總說誠實的真話。當你用覺知去看，會發現每個人都有自己的長處。

我們不打斷捧著花朵的人，允許她有足夠的時間表達，其他人則修習悉心聆聽。如果她仍有「重新開始」其他三個步驟的東西要分享，便繼續下去。發言結束後，她起身，滿懷正念地將花瓶放回房間中央。

在這項修習的第二部分，我們為自己說過的話或做過的，可能傷害或干擾他人的事表達歉意。只要一句有欠考慮的話，就可能傷害到他人。「重新開始」提供機會，幫助我們回想本週早些時候缺乏正念的一些言行，並解開可能因此而形成的結。在第三部分，我們表達他人傷害我們的方式。尊重和愛語至關重要，表達是為了療癒和加強關係，而非損傷它。我們真誠地表達，但不造成破壞。

慈悲聆聽也許是這項修習最重要的部分。當一個人坐在一群修習悉心聆聽的朋友當中，他的語言也會變得美麗、富有建設性。每個人傾聽的願望是為了減輕那個人的痛苦，而不是評判或爭論。我們一心一意地傾聽。即使聽到對方說了一些並非真實的話語，我們也繼續悉心聆聽，以便他能表達自己的痛苦，釋放內在的緊張。如果我們打斷或糾正他，這項修習很難有果實——此時，我們只是傾聽。如果需要告訴對方他的認知是錯誤的，可以幾天後私下平和地與他交流。在下一次的「重新開始」中，他可能會為自己的誤解致歉，我們便無需多言。最後，我們藉此機會詢問真正的問題，以瞭解更多情況。痛苦往往來自不準確或不充分的訊息。瞭解對方發生了什麼、他的行為背後意味著什麼，對修復關係大有裨益。

我們可以唱首歌結束，或是圍坐的每個人手牽著手，呼吸一分鐘。有時我們也以擁抱禪結束。如果正確地修習，我們之後總會感到輕鬆，哪怕只是朝著療癒邁出了一小步。我們現在有了信心，既已開始，便會繼續修習。

「重新開始」可以追溯到佛陀時代。他的僧團在每個滿月日和新月日都會這樣修習。

擁抱禪則是我發明的。我第一次學習擁抱，是在一九六六年的亞特蘭大。一位女詩人送我到機場後問：「擁抱一位佛教僧人是可以的嗎？」在我的祖國，我們不習慣在公共場合以這種方式表達自己，但是我想：「我是一位禪師，這樣做應該沒什麼問題。」所以回答：「為什麼不呢？」然後她擁抱了我，儘管我當時身體僵硬。

在飛機上我想，如果真的要與西方朋友們一起共事，我必須設計出也適於西方文化的修習，便發明了擁抱禪。擁抱禪是東方與西方的結合。這項修習是真正地擁抱對方，而不是表面、快速地在對方背上拍兩三下。

在擁抱禪中，你先花時間看著對方，意識到他們對你多麼重要。深呼吸三次，就只是看著對方，感受他們的真實存在。

當你張開雙臂擁抱他人時，覺知呼吸，以全身心擁抱。「吸氣，我知道我愛的人在我懷裡，活著。呼氣，她對我來說如此珍貴。」當你愛一個人，你會希望她快樂。如果她不快樂，你也不可能快樂。快樂並非一個人的事情。真正的愛需要深刻的理解，看到對方內心深處的黑暗、傷痛與苦楚。沒有理解，就不能正確地去愛，你的愛只會讓她受苦。

在東南亞，很多人喜歡一種又大又尖、叫作榴蓮的水果，甚至對它成癮。它的氣味濃烈，有的人吃完以後會把果皮放在床下，繼續聞那個味道。然而對其他人（包括我）來說，榴蓮的味道是可怕的。

曾經有一天，當我獨自在越南的寺院練習唱誦時，佛壇上恰好有一個供佛的榴蓮。我敲著木魚，配合磬誦讀《法華經》，但榴蓮的味道讓我無法專注。最終我決定將磬倒過來蓋住榴蓮，以便能誦經。結束以後，我禮敬佛陀，釋放了榴蓮。如果你對我說：「我很愛你，想讓你吃一點這種特別的榴蓮。」我會感到痛苦。你愛我，希望我快樂，卻強迫我吃榴蓮。這就是一個沒有理解的愛的例子。你的意圖是好的，但是沒有恰當的理解。

創造幸福是一門藝術。如果你在童年時代看過母親或父親如何在家庭中創造幸福，你就能學到這種能力。反之，你可能不知道怎麼做。「一個人的幸福」研究所會教導這門藝術。一起生活也是一門藝術。即使出於善意，你也可能讓伴侶不快樂。藝術是生命的本質，我們的言談舉止應富有藝術性，而藝術的本質是正念。

當你初次戀愛時，會感覺自己被對方吸引住了，但那還不是真愛。真愛意味著慈悲、無條件的愛。你們組成了兩個人的團體修習愛——相互照顧，幫助自己的伴侶綻放。透過愛彼此來學習讓一個人快樂的藝術，你也就學會了如何愛整個人類和所有生靈。

Chapter 1

重新開始

用四個正念修習的步驟，
讓我們互相理解，重建溝通，修復關係。
讓我們，重新開始吧。

重新開始的四個步驟

每個人都希望從與親朋好友的關係中體驗幸福和諧。關係由不完美的人組成，所以難免不時有誤解。如果你試圖忽略或壓抑不快，它遲早會自己爆發出來，進而摧毀一段你非常在乎的關係。

也許你認為解決辦法是直接來到他面前，坦誠告知他所說或所做讓你驚訝和煩惱。這種方法的問題在於，當你在情緒激動的時候說話，尤其是有外人在場時，可能會傷害到他，然後他也許會還擊。每次你這樣做，雙方都可能受到傷害。如果兩個人日復一日地持續製造這種小的互相傷害，儘管不是大事，仍會形成心結，並越來越大。起初你可能沒有注意到，但最終會看到你們的關係不再有活力，彼此都在默默迴避對方，然後想找個更能鼓舞自己的人共度時光。許多小事的累積會引發爆炸性的局面，甚至導致關係的破裂。

「重新開始」是一項由四個步驟組成的具體修習（加上擁抱禪則是五步），它讓我們消除誤會、療癒關係、相互和解。透過正念呼吸、講說愛語和慈悲聆聽，我們能更清晰地正視人們及當前處境，也讓自己的認知更好地反映現實。

關係由不完美的人組成，所以難免不時有誤解。

步驟一：相互灌溉花朵

以嶄新的欣賞眼光來更新關係。試著發現和認可他人的特質、才能與作為，不論大小。我們將這部分稱為灌溉你說話對象的花朵，它也訓練你在日常生活中更關注身邊人的許多微小善意與美好，這也會增加你自己的快樂。

步驟二：表達歉意

你覺察自己可能說過或做過的，大大小小的不善巧之事。因為這樣那樣的原因，在事情發生時未能及時表達歉意，所以現在藉此機會表達關心，以免他人因此受到傷害或困擾。

步驟三：確認

即使你認為沒有問題，也要不時地向你愛的人確認自己是否遺漏了什麼，例如：「因為事情有時會在我缺乏覺察時發生，我想確認一下，最近我是否有不當言行傷害或困擾了你？」「我是否做了讓你尷尬的事情？」「我是否足夠理解你，理解你內心深處的渴望與你最想做的事情？」

以嶄新的欣賞眼光來更新關係。
試著發現和認可他人的特質、才能與作為，不論大小。

「請敞開心扉告訴我。為了愛好你，我需要理解你，以便幫助你實現自己的理想。我不想只是強加我的喜好給你。如果我做了任何讓你不開心的事情，哪怕對你來說不是問題，也請讓我知道。我想傾聽你，更好地理解你。如果我有不善巧的言行在你內心累積了許多小創傷，把它們放在心裡對你不好，甚至有一天會在沮喪中引起更大的爆發，所以請平靜地盡快讓我知道這些小創傷。」

步驟四：表達你的傷痛或憤怒

當你仍未緩過神時，請不要嘗試做這件事。相反，先花些時間，幾小時或數天，透過覺察呼吸來恢復平靜。這不是去壓抑，而是保護自己不在憤怒中破壞你所珍視的東西。承諾自己，當你處於一種更清新平和的狀態時，會誠實地告訴對方你的煩惱，但不是現在——火氣尚未過去的時候。

透過正念呼吸和行禪來平復自己的身體和思緒之後，你可以深觀自己對所發生事情的認知。任何人都可能不時地像那位以為自己是一粒玉米的人一樣，過度執著於自己的看法。深入觀察，你會發現，你對自己、伴侶或孩子都有一種僵化的、錯誤的看法，就像那位將自己視作一粒會被雞吃掉的玉米的人一樣。根據佛陀的教導，我們所有的感知只能捕捉部分現實。我們只看到自己、他人或一段關係的部分實

請敞開心扉告訴我。
為了愛好你，我需要理解你，以便幫助你實現自己的理想。

相。我們必須訓練自己對我們的認知保持謙遜，敞開自己去瞭解故事的另一面。

當你冷靜下來，盡力深入觀察情況，若仍有不解之處，去找她。不要使用傷人和責備的語言，只是真誠地表達你不理解她為何做出傷害你的行為。你謙和地表示希望聆聽她講述故事的另一面，是什麼促使她以這種方式說話或做事。

這個修習對你們的關係來說是一種食物，請不要忽視。如果沒有必要的食物滋養——例如悉心聆聽以理解和去愛那些不易接受的，或學會愛人所愛——一段關係就會死亡。我們應時常正式、非正式地修習「重新開始」，將其視作正念生活的藝術，更新我們的關係，幫助我們更接近真實的自己和身邊人。**如果可能，請每天與自己和孩子修習，每週與伴侶和家人修習，無論期間是否出現問題。**

不要使用傷人和責備的語言，
只是真誠地表達你不理解她為何做出傷害你的行為。

與自己重新開始

更新一段關係必須從更新我們自己開始。為了與自己重新開始，請試著每天以十至三十分鐘的正念開始一天。這是一首偈頌或修習的小詩，醒來時我會對自己念誦：

清晨醒來
我微笑
感恩生命賜予
全新的一天

我對自己微笑。然後輕柔地將手放在臉上，釋放額頭、臉頰和下巴的緊張。我按摩自己的頭部、脖子和全身。

然後靜坐十分鐘，不去想或計畫任何事情，只是吸氣和呼氣，平復頭部、臉頰、脖子、肩膀和全身的緊張。吸氣和呼氣，我釋放所有的煩惱、擔憂和計畫。在新的一天開始之際，我恢復自己的平靜和清醒。

再用接下來的十分鐘規畫一下當天要做的事情，然後深入觀察其中幾件。例如，我的第一個任務很簡單：如廁。第二個任務是準備和

更新一段關係必須從更新我們自己開始。

享用早餐。第三個任務是清洗盤碗。第四個任務是順路送朋友去火車站。第五項任務要求較高：與當地政府開一個關於梅村的重要會議，因此我必須思考如何在這次會議上取得成功。例如，我會蒐集一些文件、照片、一本書，以便為十一點的會議做好準備。下午的安排是第六至第十項，我會集中注意力逐項審視一遍，做好準備。

任務二和三：靜坐觀想這一天的計畫以後，我試著在剩下的時間活得更深刻，全身心地投入到每一項任務中，不再思慮過去或未來的工作。例如，當我刷牙時，我不再想任何事情，只是享受刷牙、牙膏和清水。準備早餐時，我全然地與麵包、燕麥、果醬和水果在一起。享用早餐時，我深刻地活在當下，喜悅地覺知身邊和我一起用餐的人。我不去想下一個任務，也不再計畫十一點的會議，這樣我就不會忘記享受和我一起坐著吃早餐的愛人們。當我結束第二項活動，即享用早餐之後，我開始第三項：在當下刷洗碗盤。我享受洗碗時的每個動作，因為我用愛，認真地拿取和洗滌每一個盤子。

任務四：載朋友們去火車站。我全然專注於當下所做的事情中。我覺知車在那裡，有足夠的汽油，即將去火車站的三個朋友也在那兒。我繫好安全帶，發動汽車，正念駕駛，快樂地活在當下。我修習「止」（梵文 samatha），以免分心被其他念頭帶走，例如如何準備第五項任務：造訪縣政府參加梅村的相關會議。

靜坐觀想這一天的計畫以後，我試著在剩下的時間活得更深刻，全身心地投入到每一項任務中。

整個上午我生活於正念之中——修習「止」，在當下歡喜地面對手頭的任務。我訓練自己總是活在當下，對自己、工作和朋友們保持清新。從清晨檢視任務一到任務四，到十一點的第五項重要任務，內心不被「如何說服這些法國官員，並讓他們看到他們認為不太『正常』的梅村的很多活動之美？」一這類念頭打擾。

我只活在當下，保持頭腦冷靜，就像平靜的湖水。我有足夠的時間，利用每一個機會更新自己，觸摸內在的平靜。因此，十一點當我敲開那些想更瞭解梅村的官員的門時，我是清新、安詳的——我的神情清新，頭腦平靜，專注於我正交談的對象。在此時此地，看著每個人的臉，我可以更清晰地看到每個人的反應方式。以清醒的頭腦，我試著看到他們懷疑的根源，這樣我就能提出最好的解釋，為他們澄清狀況。

如果你尚未準備好每天按照我建議的以正念生活更新自己，請試著至少每週安排一天這樣的正念日。在那天，試著全然在當下做每一件事，停止散亂，從一個嶄新的積極視角看待事物。這是屬於你的寧靜的一天。這天很容易被其他事情占據，但你要認真對待這段時間，就像對待與他人的重要約會一樣。當你體驗到這一天的益處後，你便會讓它經常發生。事實上，修習做任何事情時都保持專注並不是負擔。它並不會改變你的時間表，也不會浪費時間。不必擔心接下來發

我訓練自己總是活在當下，對自己、工作和朋友們保持清新。

生的事。一次只做一件事。

如果你不時走神，突然發現自己被念頭帶走了，請不要覺得很糟。覺知失念給了你又一次修習的機會。你可以從修習正念、安住當下半小時或一小時開始。一天中的任何時候，只要覺知到自己失念，心不在所做事情上，就停下工作，花五到十分鐘去戶外散步，讓自己重新清新。散步是更新自己，在當下深刻地體驗生命中的陽光、樹木和植物。然後，你會感到平靜、神清氣爽。這是重新開始與他人關係的基礎。

重新開始，一步一步

第一步：灌溉花朵

灌溉花朵有兩部分：灌溉自己的花朵和灌溉他人的花朵。

《灌溉我們自己的花朵》

灌溉花朵是消除自卑的最好方法。請不要對自己或他人說：你沒有價值；也不要討厭自己，或無意識地讓童年時聽到或沉睡在心識深

散步是更新自己，在當下深刻地體驗生命中的陽光、樹木和植物。

處的一些殘酷、評判性的話語一次次浮現，並對你再次進行評判。也許你的哥哥或姊姊曾對你喊道：「艾麗西亞，你總是把事情弄得更糟！」或是有一天你帶著很差的數學成績回到家，你媽媽生氣地責罵你：「笨蛋，你甚至不如你表哥一半好！」從那以後，你讓這句話在你腦中回響，也對自己說：「我很笨，總是不如表哥一半好。」有的人只在生氣時對你說過這句話一次，這樣說的人也許早已忘記，甚至是默默欣賞著你，雖然她可能不習慣口頭表達自己的欣賞。然而你受傷的心靈卻不斷餵養過去的這些語句，並不斷對自己重複。慢慢地，它變成了習慣，帶來自卑的疾病。我們可以透過與自己和他人重新開始，來療癒這些心結。

不要被他人評判你很差、很醜、不夠好所影響。你本來就很優秀。

修習正念能幫助我們快樂、真實、寬厚、包容。經常被父母和兄弟姊妹批評和評判的人，自尊心往往較低。不要讓自己受到這些影響。看著鏡子，放鬆，給自己一個清新的微笑。做自己，清新，微笑。釋放所有的緊張。放下懊惱。訓練自己接受和愛每件事、每個人。你不需要買昂貴的衣服，穿著得體即可。經常提醒自己放鬆面部，對著陽光、樹、雨和人行道的裂縫中開出的小花自然地微笑。

《灌溉他人的花朵》

這項修習會更新你與那些在同一屋簷生活或同一辦公室工作的人

不要被他人評判你很差、很醜、不夠好所影響。你本來就很優秀。

的關係。你身邊的人有很多你過去沒有認識到的才能與美麗。我們很多人與身邊的人連續一起生活、工作數月或數年後，會慢慢忘記他們的價值。當他們沒有做你希望他們做的事情時，你才和他們說話。你容易將他們的存在視為理所當然，忘記讚賞他們的才能，只顧糾正和抱怨他們做錯的地方。每週至少認可一次每個人的特質是很重要的，不管你是單獨讚賞對方，還是在其他家庭成員或同事面前做這件事。

第二步：表達歉意

我們為自己可能有的不善巧、不正念的行為表達歉意，並尋求對方諒解。

第三步：確認

詢問對方是否因你而受到傷害或感覺尷尬，謙遜地要求他毫不猶豫地說出來，即使只是對你行為的些微不快。你不希望積累任何不快樂，不希望一段時間後他因你不善巧的小事而大發雷霆，僅僅因為這個小事是第十個、第二十個或第三十個小傷害。

我們為自己可能有的不善巧、不正念的行為表達歉意，並尋求對方諒解。

第四步：表達傷害或憤怒

誠懇地告訴對方你的傷害或憤怒，但不要立刻這麼做，等自己平靜以後再以謙和的方式表達。告訴對方，你不理解他為何那樣說話和行為，這深深地傷害了你。

第五步：擁抱禪（可選擇做或不做）

擁抱禪是「重新開始」的美妙收尾，但請在你們都感覺合適的時候做。

Chapter 2

關係是如何卡住的

我們的誤解與衝突，
時常起於認知的不完整，
讓我們收起主觀，
用謙遜的眼光，重新認識彼此吧。

我們內心的種子

根據佛教心理學，心識有兩個主要部分。上面那部分我們稱之為「意識」，我們用這部分相互傾聽。下面那部分稱為「藏識」，alaya vijñana，或者說無意識心理，在這裡，所有的經歷透過我們的五種感官和第六門（即意）進入，成為潛藏的種子（梵文 bija）。藏識儲藏了所有種子。

第一類種子是我們從父母和祖先那裡繼承的。例如，假設瑞安的父母在一家大企業中很成功，他們可能難以理解瑞安為何總被音樂吸引。儘管父母強烈反對，瑞安仍希望成為一位小提琴家。原來，瑞安的曾伯父是一位天賦很高的音樂家。正因如此，瑞安也有天分很高的音樂種子。或者觀照你自己。你也許認為「我很瞭解自己是怎樣的人」，但實際上你只認知了自己的百分之二十或三十。在你的藏識中，有很多祖先傳遞給你的經歷和種子尚未有契機顯化。

第二類種子是你迄今為止的生活經歷所種下的種子，我們稱之為新近播撒的種子。這些種子在我們還在母親子宮時就開始播種了。我們接收了胎兒時期母親經歷的所有情感。

根據佛教心理學，心識有兩個主要部分：意識與藏識。

從出生開始，我們的所有生活經歷就進入到我們的藏識，並以種子的方式儲藏。當外部條件澆灌了某粒特定的種子時，那個種子就會發芽，在我們的意識中顯現為心行。在佛教心理學中，我們至少有五十一種心行，包括喜悅、憤怒、悲傷、執取、傲慢、懷疑、愛、恐懼、嫉妒、慈悲、平靜、困惑、猜忌、仇恨和正念。

認知

認知只是我們五十一種心行之一，但就其角色而言卻是最重要的，它讓我們快樂或悲傷，困惑或覺悟。

佛陀說，當你用感官體驗某種事物時，這些體驗沒有一個會丟失，而是都儲存在藏識裡。假設一位拜訪梅村、名為安娜貝爾的人遇見我，並從我的聲音、衣型、眼睛或皮膚的顏色獲得了很多感官印象。在她心裡，對我的認知便形成了。假設另一位名叫布麗奇特的拜

從出生開始，我們的所有生活經歷就進入到我們的藏識，並以種子的方式儲藏。

訪者之前在亞洲接觸過其他佛教尼眾，當她見到我時，她的藏識對佛教尼眾可能是什麼樣子，已經有種強烈的印象，所以她在自己頭腦裡構建了一個關於我的認知，與安娜貝爾的認知完全不同。

當七百人坐在大廳聽我演講時，會有七百種對我的不同認知。當九一一恐怖攻擊發生時，三億美國人根據他們藏識中對世界、恐怖主義和伊斯蘭教等的不同種子，對這次經歷也會有三億種不同的認知。

心的構造

當你愛上一個人時，你愛上的是自己對他或她的認知，不是他的實相或真如本性，至少現在還不是。每個人都有自己的一系列生活經歷，以種子的形式存儲在藏識中，再將其帶入成年。如果遇到一個人，這個人無意中讓她想起自己童年時代中幾個可愛之人的特點，那麼現在這位成年孩子可能會馬上墜入愛河。看到那個男人或女人，她無法抗拒，對那位立刻勾起自己藏識中過去圖景的人產生同理感。所以當你對一個人一見生愛或生恨時，請覺知它很大程度上是你無意識

當你愛上一個人時，你愛上的是自己對他或她的認知，不是他的實相或真如本性，至少現在還不是。

中保存的甜蜜或痛苦的記憶。那個人的實相可能是完全不同的。

也許在你的童年時代，有人經常欺負或批評你。當你看到有人以類似方式走路、說話或是膚色相同，你可能會立刻無意識地對她心生反感。

相反的情況也可能發生。如果你遇到一個讓你想起兒時你愛過或愛過你的人，你可能會發現自己很快被對方吸引。當你愛上一個人並決定搬去與他同住時，你要做好準備，你愛上的只是自己對他的認知，還不是對方的實相。**「重新開始」的修習會幫助你更加認知你所愛之人的實相——他們的本來面貌，而不是你最初認知的那個人。**這就是佛陀為什麼提醒，我們的認知是錯覺。我們只認知了一個人的切面，卻以為全然認知了對方。實際上，我們愛的只是自己認知的一部分，另一部分是我們頭腦建構的他。當你發現對方的其他方面與你想像的不一樣時，你甚至會認為他一直在欺騙你。大多數衝突來自彼此的錯誤認知及不完整的看法。當你第一次見到一個人時，你產生一種認知，一個你的頭腦從你的藏識中創造出來的建構。心理建構的總是一個不完整的圖景，而不是整全的實相。

佛陀說，當你尚未覺悟時，你透過藏識中的種子認知一個人、一棵樹、一座山、一條河或一個事件，就像一群盲人初次摸象。第一個

當你對一個人一見生愛或生恨時，
請覺知它很大程度上是你無意識中保存的甜蜜或痛苦的記憶。

摸到象腿的人，她確定大象像四根柱子。下一個摸到耳朵的人認為大象像一塊平滑柔軟的地毯。這兩個人開始爭論大象像什麼。我們必須非常謙卑地對待自己的觀點。我們對一些事物的看法只是一種認知，而所有的認知都是不完整的，不是一個物體、一種情況或一個事件的全部實相。

案例一　卡琳與海因里希

卡琳愛上了海因里希。實際上，她愛上的是自己的心靈圖景，一種關於一個叫海因里希的年輕人的心理投射。她對海因里希的認知部分正確，也確實反映了她所愛之人的部分真實，但卡琳對海因里希的認知源於幼時的經歷。

也許在卡琳還是嬰兒時，在混亂的家庭氛圍中有一個甜美的小男孩（阿姨的兒子）和她一起玩耍。他有褐色的頭髮和快樂的黑色眼

我們對一些事物的看法只是一種認知，而所有的認知都是不完整的，不是一個物體、一種情況或一個事件的全部實相。

睛。隨後，當卡琳成為一位年輕女士，看到有人擁有類似的頭髮和眼睛時，她的心會立刻感到溫暖，儘管她已完全遺忘嬰兒時代的可愛表哥了。「這是我一生都在等待的男人。」但是，卡琳只認知了他實相的百分之十到二十。

婚後隨著彼此瞭解的加深，她開始看到他的其他性格——與她期望的完全不同，她也許會感到震驚，甚至認為海因里希誤導了她。

「重新開始」是一種讓你學會深觀和接受你所愛之人如其所是的方法，而不是強迫對方按照你的喜好來改變。他成為現在的他，有很多原因。如果從更大的視角來看，這些理由可能是美麗的。

案例二　俊與娜塔莉

俊，一位越裔法國人，與他的法國女友娜塔莉看上去非常相愛。從未見過沒有娜塔莉在身旁的俊，也不曾見過沒有俊的娜塔莉。他們一起拉小提琴，一起上醫學院。有一天，娜塔莉獨自來到梅村，很悲傷。她說被俊傷得很重，正要和他分手。上週六，他們一起去海灘晨跑、游泳，然後一起吃早餐。俊準備了兩份西貢風味的三明治，裡面有蛋黃醬、素腸、黃瓜、醃黃瓜和幾片青椒。他們坐在沙灘的長凳上吃三明治。

他成為現在的他，有很多原因。
如果從更大的視角來看，這些理由可能是美麗的。

當娜塔莉吃到最後一口，剩下了大約三公分麵包沒有蛋黃醬、黃瓜和素腸，所以她扔進垃圾桶。俊試圖把麵包抓回來，但沒有抓到，然後用一種不友善的評判眼光看著她，這讓她感到震驚。「我很受傷，」她告訴我，「他上週六的神情讓我想起很多他帶給我的其他小震驚。」

「在我們相遇一週年的紀念日那晚，他請我去一家越南餐廳吃飯。我點了一碗越南河粉、三個春捲、一份海藻沙拉和三個越南薄餅。他為自己點了三道菜並吃完了。但對我來說，吃了半碗河粉和一個春捲以後，我甚至吃不下自己最愛吃的薄餅。俊幫我吃完剩下的河粉、另外兩個春捲、薄餅和海藻沙拉。我們離開時桌子是乾淨的！」

「另一次，我們在一家義大利餐廳吃飯，點了各自喜歡的菜。當俊吃完自己點的所有東西後，雖然已經很飽，還是吃完了我剩下的。我雖感到尷尬，還是忍下來了，但這週六他看我的樣子，彷彿我偷了他什麼東西一樣——只是三公分沒有蛋黃醬和其他東西的麵包啊！他的錢對他來說比我還重要。他是一個小氣的男人。」

我對娜塔莉說：「這可能是一種錯誤的認知。下週六，你們可以一起來這裡，透過『重新開始』更新你們的關係。給我俊的電話號碼。我會邀請他過來並教你們如何重新開始。」

> 我對娜塔莉說：「這可能是一種錯誤的認知。下週六，你們可以一起來這裡，透過『重新開始』更新你們的關係。」

他們來梅村見我。我請娜塔莉表達她對俊的欣賞以及為什麼她選擇了他，而不是醫學院的其他年輕人。然後，她可以從她這一方講述海灘上發生的事情，如何感到受傷，但不對俊做任何評判。她需要對自己看待俊的行為保持謙遜，並表達渴望更理解她所深愛的俊。

俊沉默了一會兒。然後，他決定表達自己從未向法國的任何朋友提及過的創傷。他說：「親愛的娜塔莉，你知道我父親在越南是一名醫生。多虧我叔叔，我們才能移民到法國。但是你不知道，一九七五年我六歲的時候，來自北方的共產黨接管了南方，我的父親因為在反共特種部隊當過醫生而被捕。如果我們家不服從新政權，不同意放棄我們從祖父那裡繼承的所有租賃資產，我父親就毫無希望回到我們身邊。」

「我的母親、兩個妹妹和我被迫搬到一個新『經濟區』——一個沒有公路的偏遠山區。當局給了我們幾袋大米和一個只有屋頂的避難所——沒有牆，沒有床或廚房。雖然媽媽還藏有一些錢，但去市場買食物很不易，因為沒有路，也沒有公車、火車甚至一輛計程車。有些日子我們真的很餓，卻無法去附近的城鎮。」

「看到妹妹和我餓成那樣，母親哭著說：『現在我們正在為過去浪費食物而承受果報。你們還記得你們過去只吃半碗河粉或金邊粉，

我們只認知了一個人的切面，卻以為全然認知了對方。

另一半直接倒掉嗎？你們從來不吃完米飯，或是只吃半份三明治便扔掉另一半。』」

「從那天起，我們家再也沒有浪費過食物。上次斯里蘭卡發生海嘯時，你的家人只捐了五十歐元給紅十字會。我們全家剛到法國，媽媽還沒有工作，但我們捐了五百歐元。」

聽到這些，娜塔莉深受感動。她看到自己的心像花生米一樣小，而俊的家庭則是慷慨的寶貴源泉。

俊敞開了自己藏識的廣闊領域。她對俊的愛與敬意與日俱增。

案例三　你的伴侶與家人

當你把男朋友介紹給家人時，你希望家人看到你在他身上看到的美。然而你母親也許只看到，晚餐後如果他沒有幫助洗碗，她會認為他懶惰。但也許他的父母教育他，未經允許擅闖他人的廚房是不禮貌的。沒有深入觀看，很容易把一個人的行為當作他的整體性格和品行來評判，實際上你只看到了他們很小的一部分。

你的修習是不對他的行為進行預設，也不是像你母親一樣嚴厲批

沒有深入觀看，很容易把一個人的行為當作他的整體性格和品行來評判，實際上你只看到了他們很小的一部分。

評他。深呼吸，讓自己平靜下來。然後溫柔地問他，表示你不太理解他為何不在廚房幫忙。然後他就有機會解釋，他所受的教育是不擅闖別人家的廚房。

處理錯誤認知

關於認知的虛妄，最著名的佛教教導之一是，你將路上的一根繩子誤作一條蛇。相反的情況也可能發生：當一條真正的蛇在那裡，卻把牠當作一根繩子。

也許有時候你會因為同事說的話不開心。你真的覺得對方在試圖侮辱你。你認為她傲慢，久而久之你開始討厭她。然而，如果你放下反應，找到自己內在更多的平和沉靜，也在其他場合觀察她，你會看

深呼吸，讓自己平靜下來。
溫柔地問他，然後他就有機會解釋。

到她其實並不傲慢，只是以不善巧的方式很快地說出自己的想法。你之前只看到了圖景的一小部分。

如果你對某人感到惱怒，不想和那個人在一起，你的惱怒可能是基於一個不完整或不正確的認知。你也許會認為有人想偷你的東西或說你的壞話，但你可能錯了。如果你對那個人不友善，就會使情況升級，甚至創造出你認為已經發生的情況，而實際上並沒有。你開始說不友善的話，對方也如此，相互的傷害便會增加。你可能會說：「那個人很壞。」而實際上他是一個很好的人，當你有更多的冷靜時，便能看到這點。錯誤的認知總將我們帶向錯誤的方向。

當你對某人產生想法時，首先要記住的是，你要對自己的認知保持謙卑。你可以對自己說：「我並不確定，但我覺得她不太聰明。」或者：「我覺得他很懶，但也許我應該花更多時間深入觀察，更好地理解他。」不要急於下結論。那可能是一種錯覺，你頭腦的錯誤建構。他可能並非那樣的人。

在另一種情況下，當你感覺較平靜，他也較平靜時，你可以用一種友善的方式走近他，對他說：「那天你那樣說話和行為讓我震驚，我感到受傷，但你那樣做可能是有原因的，請告訴我，我想知道更多，以便更理解你。」當你以這種謙和的方式詢問，他就有機會向你解釋。

如果你對某人感到惱怒，不想和那個人在一起，你的惱怒可能是基於一個不完整或不正確的認知。

然後你會意識到：「噢，他並不像我想的那麼差。」這會讓你發現自己頭腦的錯誤建構。

對自己的看法保持謙遜，我們便可以解決關係中的很多困難。任何衝突的產生都可能基於錯誤的認知。

你的兒女

請千萬不要說：「我對自己的兒子或女兒瞭若指掌。」很可能你只瞭解孩子的部分。當我們認知自己的孩子時，必須耐心、抱持愛和好奇心。

當你因為女兒的行為與你期望的不一致，而生氣或心煩意亂時，請記得，那一刻你可能不在最佳狀態。也請記得，當你青少年或剛成年的孩子受到驚嚇時，他們也會感到沮喪或悲傷。他們可能變得越來

請千萬不要說：「我對自己的兒子或女兒瞭若指掌。」

越沉默，直到像幽靈一樣生活在自己的家裡。父母和孩子都應該訓練自己，當有人說了或做了令人驚訝的事情時，不要立即做出反應或大聲說出來。給自己時間到室外走走，不想太多，只是走路，覺察自己的呼吸和腳步。

如果你必須上學或工作，試著正念地學習和工作，不讓憤怒占據自己的思想並把你帶走。當你恢復平靜時，專注於正在做的事情上。然後，當你有時間時，坐下來深觀是什麼讓你如此憤怒。以清晰的頭腦試著找出任何可能導致你憤怒的原因。當你更瞭解情況時，你對自己和他人都會更慈悲。

當對方也更平和、放鬆時，你可以走近他，溫和微笑地說：「那天你的行為出乎我的意料，我感到震驚。你是如此善良的人，所以我想你那樣做是有原因的。」如果你以這種謙和的方式詢問，你也很可能收穫誠實的回答，而這與你預想的也許不同。你的憤怒可能煙消雲散，爭論也會平息。

給自己時間到室外走走，不想太多，只是走路，覺察自己的呼吸和腳步。

強烈的情緒

任何時候，當我們對某人充滿諸如憤怒、熱忱或激情等強烈情緒時，我們的認知會尤其盲目，與真實情況相去甚遠。請不要在這種心理狀態下採取行動或做決定。我們很容易出於一時的迷戀或憤怒，做出草率的決定，然後抱憾終身。如果你把大象誤認為柱子，這還不是嚴重的錯誤。但如果你匆忙決定離開自己的伴侶，去追求一段充滿激情的新戀情，你可能會發現，你只看到了這個人的一部分，然後你會發現以前沒有注意的伴侶其他美好的方面。你意識到自己還是更希望與伴侶在一起，但為時已晚，你將在很長一段時間內承受後果。

憤怒是人類的一部分。不要為它感到羞恥或壓抑它。當你壓抑或咽下你的憤怒，它會停留在你內心深處。這會讓你不開心、生病或抑鬱，有一天可能突然爆發。然而，也不要立刻向別人表達你的憤怒。不要擺臉色，也不要說話，只是回到自己的吸氣和呼氣，讓自己內在有更多的平靜。

你的心就像湖面。當湖水風平浪靜時，它能清晰地反照月亮。當湖水被強風攪動時，你只能看到支離破碎的光影。同樣的，當你憤怒時，你只能認知碎片化的現實，所以最好不要立即做出反應。當你將注意力集中在呼吸上，你平復了自己的心緒。全身心投入到行禪，或

我們很容易出於一時的迷戀或憤怒，
做出草率的決定，然後抱憾終身。

者辦公室、家裡的工作禪中，專注於手頭的事宜。

當你頭腦平靜時，你可以看得更清楚，並準備好以一種平和且充滿愛的方式處理自己的憤怒。然後花些時間坐下來，與憤怒共處，深觀它為何升起。在憤怒爆發之前，你的心緒是怎麼樣的？平靜仍然被當天或幾天前發生的不快之事情所擾亂？接下來，再看看那個令你生氣的人。對方的心緒如何？是平和還是充滿挫折？他是一個善巧的人，還是一個有些粗魯但心地善良的人？當你內在有了更多的明晰和空間，就可以從不同的角度去看他。然後看著鏡子裡的自己。如果你看上去愉悅慈悲，說明了你已準備好面對他，用愛與謙和的方式誠懇地說：「那天我做了這樣那樣的事情，但你的反應傷害了我，現在我很痛苦。我知道你是個很周到的人，所以你那樣說一定有原因，我想瞭解。請你告訴我好嗎？」

覺知「我們的認知總是不完整的」能幫助我們變得謙遜。**當你對自己看待某事物的方式很確定時，請質疑這份確定。**你可能是錯的，或者你只看到他人或該情況的一個面向。然後你準備好用「重新開始」的修習幫助糾正自己的認知，使之更符合現實。

當你頭腦平靜時，你可以看得更清楚，
並準備好以一種平和且充滿愛的方式處理自己的憤怒。

Chapter 3

第一步　灌溉花朵

試著欣賞你所愛的人，
灌溉對方的愛，創造幸福的環境，
那麼，你也將收穫愛。

欣賞與幸福的文化

幸福的藝術在於創造環境的能力。在這種環境中，每個人都能經常被看見、重視和欣賞。

「重新開始」的第一步是讚賞他人。當我們不灌溉他人的花朵時，他們就會枯萎。如果能恰當地澆灌，你就能欣賞到可愛的花。

通常在友誼中、同事間或任何長期的關係中，人們只是在最初幾個月或幾年快樂地相處，然後慢慢陷入遺忘。我們忘記了最初這段關係多麼珍貴，而將彼此視為理所當然。因而，**「重新開始」的第一項修習便是：當你看到他人身上好的地方，立刻覺察它，不讓自己遺忘。**例如你深愛的兒子有時會做一些周到的事情溫暖你心，或是表現出了你所欣賞的才華或特質。這項修習是用來表達對他人的欣賞，以及認可他人的價值。當一個人說話時，另一個人就只是聆聽。

你可以與自己的伴侶、孩子、同事和朋友一起修習。當你與他人相處時，很容易看到他或她的優秀特質。在筆記本或電腦文件上列出你所愛之人帶給你快樂的所有事情，也許會有幫助。有時候這個人可能會做一些細緻的事情，或是表現出你所欣賞的天賦或特質，但是你

「重新開始」的第一步是讚賞他人。

很忙，沒有告訴他。訓練自己記錄下他的花朵——他的才能和美好特質，這能幫助你記得注意它們，並經常予以灌溉。

在電腦上創建一個名為「幸福」的資料夾，或者在口袋裡放一個記事本。每天晚上寫下當天你對伴侶、孩子或同事的感恩。在「重新開始」之前，回顧一下這些記錄，以便幫助你澆灌對方的花朵。

例如當你在電腦上打字或做其他事情時，可能會突然想起伴侶那天為你做的一些溫馨體貼的事。打開你的「幸福」資料夾，將它們寫下來，例如：「今天早上，丈夫很關心我。在送完孩子上學後，他回來看我是否需要幫助，然後順道開車送我去辦公室。」

不要等到問題發生，或對彼此之間的分歧產生異議時，才對他身上你所看重的特質表達自己的欣賞。灌溉花朵不是奉承或巴結對方，好讓你隨之能指責他，彷彿這才是你心中最要緊的事情。

在「重新開始」的灌溉花朵步驟，向對方表達你真正欣賞的一切。當你這樣做時，以一種由衷讚賞的表情看著她是很重要的。不需要長篇大論，只需表達真正的欣賞。你可能會追溯第一次遇見伴侶時的情形：什麼給你留下了最深刻的印象？你覺得她身上哪些東西如此美麗或少有？充滿愛意和真誠地告訴她。

每天晚上寫下當天你對伴侶、孩子或同事的感恩。

在家裡，理想的是每週挑一天「重新開始」——所有家庭成員都在的那天。不需要很正式的程序，尤其當你是家中唯一知道這項修習的人。例如，週五美味的家庭晚餐後，可能就是恰當的時機。

首先，提前閱讀你在「幸福」文件中記錄下的內容。然後，看著家人，覺察他們身上你所欣賞的特質。你也許想大聲讚美他們——例如祝賀孩子取得的一些成績——這樣全家人都能聽到。每週這樣修習，便能更新家人之間的信任與愛。

工作中有一種情況時常發生：我們很欣賞某個人，卻把它藏在心裡。然後當我們在某件事情上意見不一致，並指出來時，對方就會認為我們根本不欣賞她。例如，一位同事總把事情做得很好，以至沒有人再注意到這一點，而是理所當然地如此期待，然後當她犯了一個錯誤時，你便脫口而出：「你為什麼那樣做？」

透過灌溉花朵，你創造了一種欣賞的文化，讓人們真正彼此看見，並感受相互的支持。當你想讓別人知道她正在做的事情不起作用時，她反而更能聽進去。即使在繁忙的工作環境，花時間彼此欣賞也是一種明智的投資。

不要讓關係變成舊家具，或表現得好像這段關係只是你被迫履行

透過灌溉花朵，你創造了一種欣賞的文化，讓人們真正彼此看見，並感受相互的支持。

的義務，與對方在一起沒有任何樂趣。如果你與某人一起生活或工作多年，你可能會認為自己已經瞭解他的一切。然而，當你開始表達欣賞，你們共度的許多美好時光和記憶會重新浮現，以及他如何善巧而勇敢地處理你們經歷的困難時刻。帶著感恩回憶這些時光，並提醒他所做過的正面事蹟。

如果夫妻、家庭、同事或朋友能抽出時間，定期澆灌彼此美好的種子，這是很好的。不要等到情況變壞才重新開始。

每週互相灌溉花朵，定期表達你對所愛之人的真誠欣賞。可以選擇週五或週六晚上做這件事情。

如果你們的關係已變得困難，試著憶念第一次你接受對方的愛的情形。試著回憶，當你第一次得到孩子、妻子或丈夫、老闆或同事的關注時，你是多麼開心。

也許你渴望有一個孩子，然後終於有了。你看著寶貝，充滿了愛與驚奇。然而，當他哭了許多個不眠之夜以後，你可能會不經意地將這可愛的嬰兒視為壓迫者，儘管你從未有意說出來或這樣想過。深入觀看你對孩子的認知和預設，並與現實對照。盡最大努力傾聽他，如其所是地理解和接納他，友善地與他交流。如果他已足夠懂事，用愛向他解釋你希望他怎麼做及其原因。儘管他還只是嬰兒，但請將他看

不要等到情況變壞才重新開始。

作他自己。

對於大一些的孩子，如果用慈愛溫和地解釋事情不能解決問題，在你建立起責任與合理的後果機制時，仍可以充滿尊重地對待孩子、和他說話。幫助孩子理解後果也是一種尊重他的方式，並能幫助他學習責任。

如果幸運的話，你夢想著與之結合的那個女人或看上去慷慨迷人的男人，現在也許已經在你的生活中。請回憶一下你與這個人第一次墜入愛河的情景。盡你所能地試著重溫第一次的那些強烈美妙的情感，然後寫信表達你在生命中擁有她的真實感受。在這項修習的後續步驟中，你可以對她說：「我們太不善巧了，現在我們正在失去彼此。請幫助我重新開始。告訴我應該做什麼，不應做什麼。」但首先，請從回憶這些溫暖的記憶開始。

盡你所能地試著重溫第一次的那些強烈美妙的情感，然後寫信表達你在生命中擁有她的真實感受。

停止「戰爭」

我認識的一對夫婦結婚初期很幸福，但當他們更瞭解彼此後，丈夫發現了妻子的強烈占有欲。她只想與丈夫、孩子們待在一起，甚至不允許丈夫的母親探訪他和孩子們。他們沒有朋友，沒有運動，沒有音樂課程，也沒有正念禪修。他們離婚了，但故事並未結束。每次他們約好探訪孩子的前後，總是有一場劇烈爭執在等著父親，孩子們也承受了很多痛苦。

他決定參加我們的正念禪營。他對我說：「你知道嗎？這次禪營是我第一次獲得解放。多年來，我一直夢想著參加我最喜愛的老師一行禪師的禪營，我透過他的作品知道了他，但這在過去是不可能的，她甚至不允許我的母親探訪孩子。這就像監獄一樣，所以我不得不和她離婚，但離婚仍未結束她對我的戰爭。你可以幫助我嗎？」

我建議他，只澆灌她的花朵，不做任何其他類型的談話。我告訴他，試著在她身上找到某些東西、特質或某種美來欣賞，這樣每次他們在孩子面前見到彼此時，氣氛就會變得愉快，不再那麼緊張。幾週以後，他給我打電話：「法師，成功了。起初我沒有動力，但之後我花了一些時間真正看著她，然後對孩子說：『看著你們的母親，她的

試著在她身上找到某些東西、特質或某種美來欣賞。

眼睛真美。你們不認為自己有一位美麗的母親嗎？』」像這樣灌溉她的花朵，減少了她對他的敵意，他們的會面比以前好多了。從那時起，他們每週見兩次，每次幾分鐘，然後讓孩子們與彼此在一起，變得很愉快。只是因為——灌溉花朵。

灌溉花朵——更新與上司的關係

同樣的情況也可能發生在你與老闆之間。一位叫艾蜜莉的女士告訴我，她因為與老闆關係不和，想辭職。她說：「我的老闆很糟糕，我無法與她一起工作。所有員工都討厭她。我想辭職，但這份工作又很方便，因為離家很近，另一份工作則要一個半小時的車程。」我建議她灌溉老闆的花朵。艾蜜莉說：「不，她沒什麼值得我欣賞的。」

幾週後，她給我寫了一封信：「成功了！法師，謝謝您。有一天

只是灌溉花朵，就可以變得很愉快。

開會時她說了一些很有用的話，會後我讚美了她的洞察力，然後她很開心，與我的交流也變得比以往任何時候都好。從那天起，我們的關係變得很好。」

父母和成年子女之間灌溉花朵

我們甚至可與那些不在我們面前的人修習灌溉花朵，以接觸我們內在的祖先和血緣的根。你可以列出自己的血親或收養家庭的每一個成員的美好特質，在另一行列出父母和其他祖先的弱點。很多人不願意這樣做。你可能有一個親戚，給你的家庭甚至直接給你帶來了很多痛苦。觀想那個人身上的正面之處，可能會讓你產生背叛感，或彷彿是寬恕了他們所造成的傷害。但那個人和他的行為已經在我們之內。去看一個人的整體、他的力量和面臨的挑戰，能幫助我們更好地理解

去看一個人的整體、他的力量和面臨的挑戰，能幫助我們更好地理解他，也幫助我們更全面地看待自己。

他，也幫助我們更全面地看待自己。

「重新開始」的第一步——學習灌溉他人的花朵，是很重要的。**如果你能灌溉他人的愛、寬容、包容的花朵，你也將收穫愛、寬容和包容。**欣賞他人，也是灌溉你內在的花朵，給自己帶來更多的自在和快樂。

Chapter 4

第二步　表達歉意

在傷害轉變為衝突之前，
找到勇氣道歉。
當你真心為自己後悔的事情道歉，
對方所受的傷害會因你的道歉而完全消散。

在傷害轉變為衝突之前，找到勇氣道歉

「重新開始」的第二步是為任何你希望做得不一樣或更好的事情，表達遺憾和道歉。如果你發現自己犯了錯，這項修習幫助你在這項錯誤成為伴侶、朋友、同事或家人的結之前，找到勇氣道歉。

當你真心為自己後悔的事情道歉，對方所受的傷害會因你的道歉而完全消散。在別人讓你知道他或她受到了傷害之前主動道歉，是更新關係很有效的良方。即使你只為部分情況道歉，如果態度誠懇，對方也會聽到，並且感激。

你首先請求他人原諒你的不善巧。例如，一位母親可以對孩子說：「女兒，那天下雪我本應送你去上學，雖然路程很短，但看到你在雪地行走，我感覺糟透了。然而正如你知道的，前天晚上我牙痛，所以與牙醫預約了很早的治療。我想準時到達以免錯過，同時也擔心路上塞車，所以不能送你去學校。很抱歉，請原諒我。」也許女兒看到其他父母送孩子上學，而她媽媽卻讓她獨自在雪地裡走路上學，心裡會難過。但當媽媽請求她原諒時，她會很開心，好的關係也重建了。那一點陰影會立刻消失。

「重新開始」的第二步，是為任何你希望做得不一樣或更好的事情，表達遺憾和道歉。

Chapter 5

第三步　詢問更多訊息

許多問題是你自己意識不到的，
你必須常常向對方確認：
「我足夠理解你嗎？」
「我理解你內心深處的渴望嗎？」

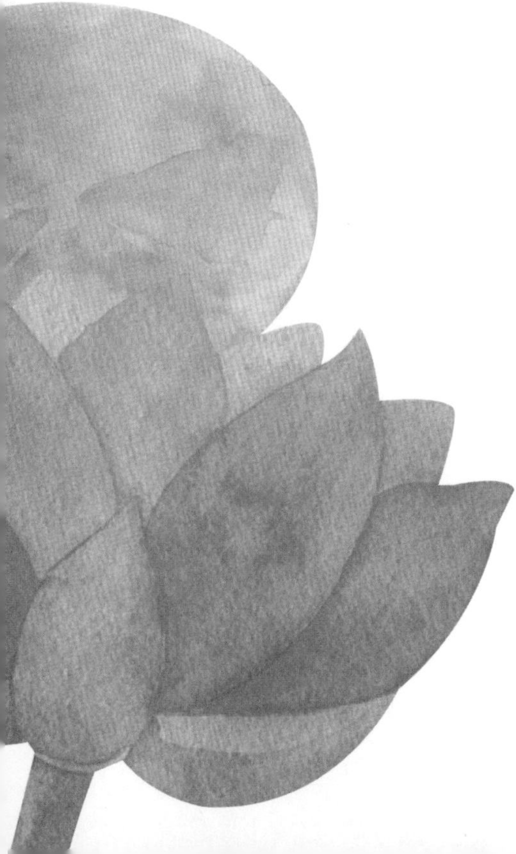

我是否足夠理解你？

「重新開始」的第三步是理解對方內心所想。我們可以透過詢問問題來獲得這種理解，例如：「我是否因為自己的不善巧而傷害了你？」「我是否足夠理解你？」「你能和我分享你內心的想法嗎？」

通常，當你嚴重傷害了某人，你會馬上知道，然後道歉。然而，當它只是一個小傷害時，你可能會意識不到，尤其是當你處在比別人更高或更強大的位置時。例如你戲弄自己的姪女，她並不喜歡。有時你逗自己的孩子，認為這很有趣，卻傷害了你的孩子或青少年，而你並沒有意識到。像這樣的小傷害會累積，因此，定期與他人確認是很重要的，以防你未意識到的一些事情造成後患。例如父親可以問自己的兒子：「上週我有傷害到你嗎？爸爸真的非常愛你，但可能有很多地方我不太善巧而讓你受苦。請告訴爸爸，這樣我就不會重複自己的錯誤。」或者「媽媽足夠理解你嗎？媽媽傷害了你嗎？請告訴我。媽媽想傾聽你，以便更理解你，以你需要的方式來愛你。」

梅村的修習者中有一對青少年情侶。我很欣賞這兩位年輕人，所以總會提醒他們修習「重新開始」，以免失去彼此。他們每週都會修習。每當我看到他們都會問：「你們修習『重新開始』了嗎？」他們

「重新開始」的第三步是理解對方內心所想。

也總會回答「是的」，直到他們準備結婚。在他們的婚禮上，我問：「你們『重新開始』了嗎？」他們說：「噢，沒有，因為婚禮要辦的事情太多了。」

婚後他們在美國定居。每當我看到他們，仍然會問：「你們一直在修習『重新開始』嗎？」他們會說：「噢，我們現在很習慣彼此，相互之間也非常瞭解，我們只在問題出現時才修習。」後來我瞭解到，儘管他們不認為自己的關係中出現了很多問題，但事實上，小傷害日積月累，直到每個人變得越來越易怒，對彼此越來越冷淡。

起初，他們之間的主要問題之一——反覆出現在為孩子買衣服上

——似乎不重要。這位丈夫來自一個家境殷實的家庭。這位妻子的家庭並不窮，但會記錄自己的開銷。兩個人都把各自家庭對金錢的態度帶入了婚姻。

婚後，妻子以某種特定的方式花錢，但沒有告訴丈夫她在做什麼，以及為何這樣做。每年當孩子們需要衣服和鞋子時，她不買新的，而是把她姊姊兒子的舊衣服給他們穿，然後用省下的錢捐給越南的飢餓孩童。她發現，在美國買一個孩子衣服的錢，可供越南二十五個孩子吃一個月的午餐，以及他們老師及助手的薪酬。她很開心能把錢捐給我們的項目，幫助有需要的孩子，但不幸的是，她沒有向自己

小傷害日積月累，
直到每個人變得越來越易怒，對彼此越來越冷淡。

的丈夫和孩子們解釋這一點。

結婚十四年後，由於多年未交流此事以及彼此間的其他煩惱，他們分居了。他們有三個孩子，最小的只有三個月大。每個人都很震驚，問道：「這位丈夫學佛多年，而且在梅村修習過，怎麼能在女兒只有三個月大時結束自己十四年的婚姻呢？」當我有機會向他確認時，他說：「我必須保護自己。她對我說話不再友好。十四年來，她從不為我們的孩子買鞋子或衣服，而是做為父親的我買所有這些東西。當我試著為女兒換尿布時，妻子抱怨我不知道怎麼換尿布，然後把我趕走了。我受夠了。」

他的妻子從來沒有向他解釋過她一直在幫助那些貧困的孩子，也從來沒有向家人展示過他們所幫助的那些越南飢餓兒童的照片。起初，她會對孩子們說：「你們把買新鞋的錢捐給一個有需要的孩子，可以嗎？」但慢慢地，她不再對孩子提起此事，也從未向丈夫解釋過。

從丈夫這方來說，當他因妻子不給孩子們買鞋而不開心時，本可以溫柔友好地問：「親愛的，我們有三個孩子，但只有我給他們買衣服鞋子，你沒有。我能瞭解原因嗎？我知道你是個有愛心的母親，而且我們並不窮。」然後她就可以解釋，一切就都清楚了。但他沒有問，儘管對她的行為感到驚訝。他不斷告訴自己這不是大問題。

結婚十四年後，由於多年未交流此事以及彼此間的其他煩惱，他們分居了。

這是「重新開始」的第三步：「我是否傷害了你？哪怕一點點，或是我做了讓你感到尷尬或不開心的事情嗎？請告訴我，不要說沒關係。」如果他以一種和善的方式詢問妻子為何不給孩子們買鞋，她可能會說：「因為我來自越南，瞭解飢餓的滋味，這是我沒有為孩子們買衣服鞋子而選擇將錢捐給越南孩童的原因，但是我非常抱歉沒有跟你和孩子們好好交流此事。」

與丈夫分居後，我告訴她：「現在你應該每週都和孩子們『重新開始』。如果你像過去那樣忽視這一點，你就會像失去丈夫一樣，一個個失去他們。我不希望你因為每天無意識的一個個小傷害而失去自己所有的孩子。」她後來告訴我，他們每晚都修習「重新開始」。首先她給孩子們讀睡前故事，再分別感謝每一個孩子，然後問：「媽媽今天是否傷害過你？」當她第一次問他們這個問題，她以為他們會說：「沒有，媽媽，你很棒。」但是兩個會說話的大孩子說：「是的。」她大吃一驚，於是問：「我傷害到你了嗎？如何傷害的？」

四歲大的兒子告訴她：「我畫了一幅漂亮的畫想給你看，但你講電話講太久了。我一直試著給你看我的畫，一直在說：『媽媽，看，看！』但你老是說個不停，根本沒有看我的畫，最後我不得不去上學了。我感到很受傷。」對一個成年人來說是小傷害，卻可能是對一個孩子的大傷害。媽媽回答：「噢，對不起，親愛的，外婆從很遠的越

我不希望你因為每天無意識的一個個小傷害而失去自己所有的孩子。

南給我打電話，我需要和她聊聊。我可以現在看你的畫嗎？請給我看。噢，它太美了。這幅畫真棒。」當媽媽道歉並欣賞孩子的繪畫時，他如此開心。這個傷口也就療癒了。

另一個兒子告訴她：「我想要一個玩具，只需幾美元，但當我想要你買時，你卻說沒錢，我應該問爸爸。我很傷心，因為我知道你口袋裡明明有很多錢，但你卻說不能買這個玩具。」媽媽說：「對不起，親愛的，自從我和你父親分居以後，爸爸不再從他的工資中給我那麼多錢了。他只給我足夠的錢來付食物和一些房租，其餘的他自己留著。他負責給你買玩具，付你上武術課和弟弟上音樂課的錢。他只給了我幾百美金，而這不夠付所有的開銷，所以即使那個玩具只要幾美元，但如果我們這裡花幾美元，那裡花幾美元，就沒有足夠的錢來支付帳單。」當她這樣解釋時，兒子理解了，並重新對她微笑。從那以後，所有的孩子都盼望著每天晚上與媽媽「重新開始」。他們會說：「媽媽，讓我們『重新開始』吧！」因為他們很開心聽到母親讚美他們的優秀特質，以及有機會說出自己的感受。

兩個好人最終還是分開了。如果他們修習「重新開始」，很容易就能避免。對一個家庭來說，每週至少修習一次很重要。即使沒有問題需要討論，也可以用這個時間表達對彼此的欣賞。這會進一步加強彼此的關係，而不是浪費時間。

他們很開心聽到母親讚美他們的優秀特質，以及有機會說出自己的感受。

真愛意味著理解

沒有理解的愛只是依戀和激情。激情很短暫，也會消退。但當你們真正理解對方時，它會變成彼此的深愛，幫助你們成長。詢問你的兒子、女兒或同事這些問題，可以幫助你們更好地理解彼此。「我是否有任何不善巧的行為傷害或打擾到你？請告訴我。不要把今天的小煩惱、昨天的不快，或幾天前的小分歧放在心上。你知道我有時缺乏正念，會不經意地傷害到你或讓你尷尬。這些累積的小問題有一天會成為我們之間的一堵牆。請告訴我，幫助我做的更好。」

時常問問你的伴侶：「我足夠理解你嗎？我理解你內心深處的渴望嗎？你最喜歡做什麼？請告訴我可以做什麼讓我們的愛保鮮？」「請敞開心扉，多分享一些你小時候最大的快樂和青少年時的熱情。**為了愛好你，我想瞭解你的夢想，這樣才能支持你，而不是阻礙你實現自己的願望**——你生命中最想做的事情。我不想只是強加給你我的喜好，或我認為你需要的。」「如果我無意中做了讓你不開心的事，即使對你來說是小事，也請告訴我。我想知道，這樣我就能更好地理解你。如果你不告訴我，我很可能繼續這樣做，然後我的很多不善巧言行可能會讓你積累很多挫折。如果你把這些放在心裡，有一天它們會爆發，讓你生病。請盡快告訴我這些小創傷。」

對一個家庭來說，每週至少修習一次「重新開始」很重要。

你的伴侶可能會哭，並從內心深處告訴你很多事情。你們將真正更好地理解彼此。

Chapter 6

第四步　表達傷痛和歧見

將自己受的傷，訴說給對方知道。
讓她/他知道，你受傷了。
你們的關係，將會在訴說傷痛時，
漸漸地重建。

讓他知道你受傷了

「重新開始」的第四步是讓他人知道，他所說或所做的讓你感到難過。理想的狀態是迅速處理這種情況，而不是等到很多小事累積到不堪重負。當你感到受傷或惱怒時，先不要在這種狀態下說話或行動。回到呼吸，停止思考或評判，藉此恢復自己的鎮定。然後只說簡短的話：「你的言行讓我感到痛苦。我承諾幾天後當我更平靜時，向你解釋一切，但不是現在。」

與此同時，你修習正念呼吸和行禪來讓自己平靜。當情緒不再那麼激動時，你可以花些時間觀想那個人和他的行為，以及對方為什麼會這樣做。也試著看一看，你是否也在某種程度上促成了這種情況的發生，或是你可能做出了不當的解釋。**每個人都有自己認知的局限，妨礙我們真正看見，所以當你受傷時，讓別人知道很重要。**也許你會認為他們應該已經知道你的感受，或者他們是故意傷害你，但通常他們的認知是模糊的——就像你和我的一樣——他們並不知道自己如何傷害了你。問題也許不像你想像的那麼嚴重。如果他是與你一起生活，或每天在工作中都會見到的人，若你不表達自己的傷害和不同意見，你遲早會不再陪伴而離開他。你也許害怕說出來。但如果你在平和、充滿愛的狀態下表達，對方會更容易聽到。

「重新開始」的第四步是讓他人知道，他所說或所做的讓你感到難過。

當你談論自己所受的傷害時，用一種善巧的方式來表達是很重要的。如果你說：「那天你很討厭。我對你煩透了。你真的很自大，你知道嗎？」這是很不善巧的。反之，你可以說：「通常，你是一個說話做事很圓融謹慎的人，但那天你當著很多人的面對我那樣說話（或那樣做）時，我真的很受傷。我不知道你為什麼那樣說。也許這後面有什麼原因？我想瞭解，以便重新發現我所愛和尊重的人。」詢問對方為什麼如此行為，**讓他知道你感覺受傷，但不要指責或譴責他，以一種別人願意聆聽、願意解釋自己行為背後的原因的方式詢問**。有時她可能會很驚訝地說：「那樣傷害到你了嗎？對不起，我不是故意的。」也許她的本意是好的，只是她表達自己的方式不太善巧。

當你表達對某人的不滿時，通常有兩種方法。你可以像扔飛鏢一樣把話扔出去，對方也會像堵牆一樣將你拒之門外。或者你用一種謙遜的方式說話，對方也會更開放。如果你坦誠地表達自己的觀點，承認自己認知的局限性，對方也就有機會解釋自己的觀點。

如果你坦誠地表達自己的觀點，承認自己認知的局限性，對方也就有機會解釋自己的觀點。

敏感情況之下

如果對方很敏感，或是你們的關係很脆弱，那麼即使你已經很平靜，當你開始分享的時候，也請試著充滿關懷和愛地看著他的臉。如果你看到他的情緒變得低落，即使你只表達出了你想說的一部分，也請停下來，轉移到一個更輕鬆的話題上。他也許具有足夠的敏銳和智慧來理解剩下的事。

我認識一位叫伊芙琳的女士，她十多歲的女兒告訴她要搬出去住，當天就收拾好行李去了朋友家。伊芙琳很生氣。她努力工作，為女兒犧牲了很多，所以起初她想衝女兒大喊，問她：「你怎麼能這樣？」幸運的是，女兒不在那裡讓她喊，所以她轉而專注於自己的呼吸，直到平復下來，然後打電話給女兒，告訴女兒她很欣賞她、想念她，希望她能回家，並為自己不知不覺中造成的傷害道歉。女兒沒有馬上搬回家，但慢慢的，她們重建了彼此的關係，因為伊芙琳可以清晰地用愛表達自己，女兒也感受到母親沒有評判她。最終母女倆又住在一起，並且更加和諧。**如果你能以謙和、好奇以及對自己所造成傷害的真誠歉意來面對困難，那麼戰爭永遠不會發生。**

假設你想去辦公室接丈夫下班，給他一個驚喜。對你來說，這是

如果你能以謙和、好奇以及對自己所造成傷害的真誠歉意來面對困難，那麼戰爭永遠不會發生。

真正的心意的表達，因為通常他要坐火車回家。然而，當你正要走進他的辦公室時，透過窗戶你很驚訝地看到他正握著一位年輕女士的手，愉快地交談著。你對自己看到的情形感到很難過，但如果你明智的話，不會在那一刻對他說任何話。你透過行禪平復自己，釋放內在的緊張。你決心不被憤怒帶走。你可以這樣修習一段你所希望的時間，也許四五天。如此，當你準備好與他交流時，你是平靜的。在說話之前讓自己清新很重要，這樣，當你表達自己的感受，而他說了一些你意料之外的話時，你能繼續聆聽，而不至於跳起來攻擊他。如果你充滿憤怒，便很難解決任何問題。

當你準備好修習「重新開始」的第四部分時，你可以說：「那天我想在你下班時給你一個驚喜，然而當我來到你的辦公室時，我看見你和一位年輕女士走路、說話，你甚至握著她的手。我很震驚。」然後他可能會說：「是週四嗎？噢，那是我的表妹，阿姨的女兒。她現在住的很遠，但我們像兄妹一樣長大。她當時剛飛到這裡的機場，在繼續飛往馬德里出差之前，有幾個小時的中轉，所以我們匆匆聚了一下，吃了點東西。」如果你真的冷靜而清醒，你會知道他是在說實話還是試圖隱瞞什麼。

我認識一位名叫瑪吉的女士，她發現丈夫的信用卡買了珠寶和內衣，但不是給她或家裡其他人買的。這種情況下，智慧的妻子不會立

如果你充滿憤怒，便很難解決任何問題。

即對丈夫大喊大叫，或以嫉妒憤怒的方式威脅他。她花了幾天時間讓自己平靜，試著去看最初丈夫比起其他年輕人還吸引她的那些特質，然後在恰當的時候，告訴他自己的感受。「我不明白，你十天前瞞著我買了珠寶和內衣。週二我打開銀行帳單，看到了這筆消費。我很震驚和悲傷。我需要做大量的深呼吸和行禪讓自己平復，以便與你交流此事。我現在準備好聽你說，我真的很想瞭解事情的原委。」

當他回應時，她可以盡全力修習悉心聆聽，隨順呼吸，盡力不打斷他。如果她不善巧地質問或打斷他，是沒有任何幫助的。儘管他說的很多話語似乎都不正確，她也應試著不要立即打斷他。她知道自己之後有機會回應，也許是幾天後。

事實上，瑪吉的丈夫正被自己的祕書引誘，她很瞭解自己的老闆有妻室。當她與老闆逛購物中心時，她假裝需要內衣，然後假裝信用卡忘在了家裡。瑪吉的丈夫與這位女士的關係妨礙了他和家人的相處與關心。

如果瑪吉能像我描述的這樣與丈夫交流，也許能溫柔地說服丈夫在婚姻受到不可挽回的傷害之前，糾正自己的不恰當行為。當氣氛更平和時，如果還有不清楚的地方，可以請他進一步解釋。她也可以允許自己哭泣，因為她對他的行為感到如此失望。

我現在準備好聽你說，我真的很想瞭解事情的原委。

不幸的是，瑪吉沒有足夠的內在空間冷靜善巧地處理她婚姻面臨的這一挑戰。她對丈夫大發脾氣。丈夫搬離了家與另一個女人同居，然後和她離婚，與自己的祕書再婚了。

第三方的支持

如果情況很棘手，也可以請第三個人在場。這個人必須是你們足夠親近和尊重的人。在梅村，當一位法師被另一位法師傷害時，如果沒有第三位法師在場（有時甚至會有兩位其他法師），也會有很難做到的時候，因為我們需要一兩個人帶著慈悲和明晰，傾聽雙方以幫助消除誤解。

如果情況很棘手，也可以請第三個人在場。這個人必須是你們足夠親近和尊重的人。

好鬥的情況

有時情況可能變得咄咄逼人。唯一的出路是澆灌彼此美好的種子，並表達真誠的欣賞，而不是奉承。對方會慢慢軟化。然後當你足夠冷靜時，可以和他或她修習「重新開始」的前三步：灌溉花朵，表達歉意，然後說：「你可能遇到了很多困難，而我未能幫忙，甚至因為自己的不善巧而讓情況更糟。我真的很想瞭解你的困難，請與我分享。」

如果你感到心緒不穩而無法繼續，或是多年累積的傷害讓這段關係已變得非常困難，一次有太多問題需要解決，這樣的話，你可以在適當的時候暫停談話，說：「我們下一次再繼續吧。我想聽你說，認真聽你說的每句話，但是今天我不能再繼續了，我不希望這變成一次戰鬥。」很重要的是，給自己時間消化那些已經說出來的對困難或錯誤之事的感受，並深觀自己的認知以更接近真相。透過省思，你會發現自己也對部分情況負有責任。幾天後當你更平和時，可以繼續談話。條件適宜時，也可以謙和地提供一些訊息，幫助糾正對方的錯誤認知。

給自己時間消化那些已經說出來的對困難或錯誤之事的感受，並深觀自己的認知以更接近真相。

受損的關係

當關係嚴重受損而無法深談，任何進一步和解的努力都無濟於事時，夫妻倆可能會想分手。但是，某些情況可能讓他們感覺自己做不到，例如孩子的心理太脆弱，無法處理父母分離。

如果你發現自己處於這樣的境地，我推薦一種可追溯至佛陀時代的修習：如草覆地。這個短語指的是，當道路因為泥濘而無法通行時，人們可以將稻草鋪在泥上，這樣他們就可以繼續通行。在有衝突的情況下，你可以修習「如草覆地」。**當你看到自己無法再改善彼此**

的相互理解，而生命太短暫，不應花在無休止的掙扎中，那麼你可以宣告放下——同意放手，放下，繼續前行。

當你看到自己無法再改善彼此的相互理解，而生命太短暫，不應花在無休止的掙扎中，那麼你可以宣告放下。

溝通受阻時

如果你與丈夫之間有一堵很大的牆，不要嘗試直接與他「重新開始」，因為他可能斷然拒絕。反之，你可以透過與孩子或其他家庭成員、朋友的交談來間接澆灌他的花朵。即使他看上去只是在看電視，一句話未說，但其實他在聽著。你也可以在他的聽力範圍內對孩子說一些關於他們父親的正向事蹟，這些話會進入他的意識。如果你知道他能從所坐的地方聽到時，你甚至可以在另一個房間說。

有些情況可能需要慢慢重建溝通。你繼續表達自己的欣賞並希望對方最終能接受，與此同時，知道自己在盡力修復關係，你也會感到安慰。一位男士告訴我：「我想與兒子重新開始，但我給他寫了很多信和電子郵件，他都沒有回。」我對他說：「即使沒有回信，他也會很感動的。」**真摯的和解永遠不遲**。有的時候，如果對方沒有準備好接受你的詳細解釋，一封長信也許反而適得其反（因為你的解釋可能仍含混不清、不善巧）。我的建議是，在最初階段，你只澆灌對方的花朵，在信任沒有進一步修復之前，不要觸及真正的問題。

有些情況可能需要慢慢重建溝通。
你繼續表達自己的欣賞並希望對方最終能接受。

真實的故事

第一個故事：賈桂琳和她哥哥

賈桂琳和哥哥有段時間沒有見面了。他與家人疏遠了。多年前，賈桂琳的哥哥胃出血，幾乎失血而死，當時賈桂琳毫不猶豫地把自己的血獻給了他。然而，他痊癒之後卻完全無視她，因為他認為賈桂琳不認可自己的妻子。

賈桂琳和家人來到梅村紀念母親去世週年，我鼓勵她也邀請哥哥加入。儘管他在母親活著時就很少來看望，對家裡的其他人來說，他就像陌生人，但他還是來了。

在他們紀念母親去世的那天，他們做了母親愛吃的所有菜。他們憶念母親，講述母親的故事。我告訴賈桂琳：「你母親的骨灰埋在地裡，但那只是她的一小部分。她的智慧、慷慨、關愛、才華、快樂以及她為孩子們的成功所做的犧牲，仍在你身上，在你的兄弟姊妹身上，依然活著。請張開雙臂，以另一種方式擁抱你的哥哥。深深地擁抱他，深深地擁抱你的姊妹們，你就會感覺到母親仍活在你的懷抱中。」

深深地擁抱他，深深地擁抱你的姊妹們，你就會感覺到母親仍活在你的懷抱中。

賈桂琳很不情願地走向哥哥，因為她受傷很深。但當他向她張開雙臂時，兩個人都哭了，抽泣著，深深地相擁。**和解也可以不用語言，而是以敞開的雙臂。**

第二個故事：阿南和律師

阿南是一名居住在德州的數學老師。當兒子學數學反應慢時，他的脾氣就會發作。有時，孩子或妻子惹怒他時，他甚至會打他們。在一次禪營中見過我們的老師一行禪師之後，他瞭解了正念的修習，因而為過去犯下的錯誤向妻兒道歉。情況似乎在逐步好轉。然而，有一天他突然打電話向我求助：「法師，我太太帶著孩子和我們剛買的新車、她的所有東西、現金和我買給她的首飾走了。我沒有再打孩子，也沒有和她吵架。只是她希望我做一件小事，我還沒做，但也沒有拒絕。法師，你知道我們很多朋友都很震驚，因為他們目睹了我如何從過去的粗魯中轉化。其中一位是很有才能的律師，他願意免費幫助我。」我對他說：「請知道，法律和威脅在愛的關係中是沒有位置的。」我問他：「你還愛你的妻子嗎？」

兩個月後，這位丈夫給我打電話說：「法師，你猜誰在我身旁？我的妻子和兒子！我非常想念他們，我知道他們一定在加州她哥哥家裡，所以有一天我決定飛到那裡探望他們。她過去總是告訴我，她哥

和解也可以不用語言，而是以敞開的雙臂。

哥有一個大房子，給她留了間屋子住，她也能在加州找到好工作。我妻子也像我一樣是工程師，她原本想著，在離我很遠的加州找一份工作會是件好事。」

「然而她設想中少了我以後就會無憂無慮的生活，與現實相去甚遠。當她和兒子見到我時，高興極了，她擁抱了我，準備好上車開回德州。他們在加州的生活比預想的艱難許多。妻子說，沒有摯愛和慷慨丈夫的支持，每天都會遭遇新的困難。她說她記起了我從禪修回來後變得多麼可愛，現在她以一種更接近完整的我的方式，來認知我。我非常感謝你讓我不要接受律師朋友的提議。」

如何與患有阿茲海默症的親人修習

在這種情況下，你必須意識到她已不再是過去那個人了，你必須依據她現在的記憶狀態來和她相處。當你和她在一起時，只回憶美好的時光。這也是我與患阿茲海默症的阿姨相處的方式。她記得的東西不多，往往記起的都是負面的東西，所以當我見到她時，便試著回憶過去正向的故事。

我問她是否認識那個男人（我說的是她父親、我爺爺的名字），

請知道，法律和威脅在愛的關係中是沒有位置的。

他做過什麼，她做了什麼。我們高興地談起她的經歷——一位年僅二十歲、了不起的年輕女士充滿愛地照顧整個家庭。我一點一點地重建了平衡。然後我問起更多關於她三十歲時的婚姻和生活，以及她的四十歲和五十歲。透過碰觸她的喜悅和成功歲月，而不是用痛苦的方式，我成功地幫助她與自己的很多記憶重建了連結。

我所住鎮上的一位法國老朋友告訴我，他的妻子患了阿茲海默症。每次他去看她，她的舉止就好像他們只有十六歲一樣。她談起他們倆和堂兄弟姊妹多麼喜歡外出跳舞。他有些絕望，我建議他享受和她一起重溫他們十八歲或二十歲時的記憶。他可以每天抽出三十分鐘與妻子交談，就好像他們仍是孩子一樣。這並無不可。

Chapter 7

擁抱禪

在正念中擁抱，
順隨自己的呼吸，
專注地凝視彼此，
你們便會由衷感受彼此的珍貴。

擁抱禪——中西合璧

擁抱禪可以給「重新開始」的修習畫下一個完美的句號。我們的老師一行禪師（或者 Thay，越南語「老師」的意思）將擁抱禪描述為中西合璧，就像茶包一樣。茶來自亞洲，我們從茶山採摘新芽，小心地晾乾——不是在炎熱的陽光下，而是在陰涼的房間裡。然後我們將開水倒向茶壺中的茶葉，浸泡一會兒，然後喝茶。然而當茶傳到西方以後，人們製作成快捷、實用、簡單的茶包。你只需將茶包放進杯中，倒入熱水，幾分鐘茶就好了。這是東西方智慧的結合。現在，禪師為我們提供了中西合璧的另一種絕妙修行——擁抱禪。

在西方，當你問候朋友或家人時會擁抱，但通常只是簡短淺表的擁抱。很多時候，擁抱時你並未真的在那裡。你可能在想晚上的計畫或其他你必須做的事情，所以這不是真正的擁抱。禪師看到，如果他能將禪帶入擁抱中，那就是擁抱禪。擁抱的部分來自西方，禪修的部分來自東方。

擁抱禪意味著在正念中擁抱。你不會像發條玩具一樣立刻擁抱。擁抱之前，你的心完全回到當下。你們面對面站著，隨順自己的呼吸，身心一體，全然專注。你深深地看著對方，珍視她的存在。當你看著她的時候，你清楚地看到：「在我面前的這個人是我孩子的母親。我

擁抱禪可以給「重新開始」的修習畫下一個完美的句號。

們一起度過了很多快樂和痛苦的時光。她對我來說如此珍貴。」然後你張開雙臂擁抱她，真正觀想她的珍貴。如果她出了事情，你會非常痛苦。

「這是我兒子的父親。」你張開雙臂，吸氣，呼氣，然後默默或大聲地說：「謝謝你是我三個優秀孩子的父親。他們如此可愛、美麗，有才華，因為他們從你我，和我們各自的家庭和世代祖先那裡繼承了最好的部分。」吸氣，「我很開心，做為孩子父親的你，仍在我懷裡，活著。」呼氣，「我如此感恩。」吸氣，「如果你出了事情，我會很痛苦。」呼氣，「我很開心你仍活著，在我懷中。」

一位深入觀察自己兒子的父親會發現：「他將自己和祖先最好的部分帶向了未來。」「這是我從始至終深愛著的女兒，她是我在未來的延續與連結。她承載著我的希望與志向。」「這個人，我的父親，對我來說如此珍貴。他很少見，並且特別。有他在我懷中，真好。」「這是我的母親，很虛弱但也如此堅強。這位勇敢的女士為了保護和救助自己的孩子，總是準備好應對任何困難，面對一切危險。我能將生命賜予我的珍貴寶藏擁在懷裡，多麼美妙。」每當我擁抱自己的妹妹，總是以擁抱禪相擁。我會看著她，然後擁抱。我在妹妹身上看到了母親的許多可愛之處。我擁抱著她，心想：「噢，把妹妹抱在懷裡真好。與此同時，我也擁抱著我的父親母親。」當我擁抱她時，我看

我很開心你仍活著，在我懷中。

到了父母的所有特質，我如此開心。

有一位來梅村禪修、定居北美的越裔孩子，我不常見到她，但當我問候她的時候，我會看著她，張開懷抱，然後想：「這是越南的女兒，也是西方的女兒。在這位年輕女士身上有兩種文化。她來到這裡被禪師和修行團體的美所滋養，然後將這裡的美帶向北美的家中。」我深深地擁抱她，珍視她的存在。她長途跋涉來到梅村是一件深刻而珍貴的事情。這是我們進行擁抱禪的方式。

我深深地擁抱她，珍視她的存在。

三十年的婚姻後，第一次擁抱禪

有一次，一位心理治療師來參加禪師在科羅拉多的禪營，瞭解了擁抱禪的正念修習。禪營結束後他要回家，他的妻子來機場接他，他決定和妻子試一下這個新的修習。他沒有立刻擁抱她，而是先深深地、一心一意地以欣賞之情看著她，然後張開雙臂，以一種深刻的方式擁抱她很久，直到他感覺他的愛完全傳遞之後才鬆開。

她如此快樂，驚訝地問他：「這是怎麼回事？我們在一起三十年了，你從來沒有像這樣擁抱過我。」他說：「一個和尚教導我的，這是正念擁抱。」她說：「一個和尚教你像那樣擁抱我？這個和尚是誰？我想見他。」然後她參加了禪師的下一次禪營，在茶禪上與大家分享了這個故事：「我丈夫從禪營回來時，擁抱我的方式讓我很開心。我也想學習正念，以便每次擁抱他、和他一起喝茶、吃飯時都能感到快樂。」

擁抱禪是一種簡單的修習，卻可以產生深遠的影響。這是為「重新開始」作結的美妙方式，也可以在任何時候向你所愛之人表達自己深深的欣賞與感恩。

父親去世時的擁抱禪

我認識一個有五個成年孩子的家庭，他們彼此之間就像陌生人一樣。當我參加這個天主教家庭的葬禮時，並不知道四個兒子之間有著很大的問題——他們知道對方在家時，絕不會回家探望。即將蓋棺時，我指著棺木說：「這個身體只是你們父親很小的一部分。他的優秀、他的思想、他的才華、他的美好、他的慈愛在你們每一個人之中。現在，請擁抱你們的兄弟來擁抱你的父親。請將你們父親那鮮活的身體擁入你們的懷中。」他們一一擁抱彼此，哭得很厲害。他們的母親

擁抱禪是一種簡單的修習，
卻可以產生深遠的影響。

看到他們彷彿什麼都不曾發生過一樣交談，感到十分驚奇。實際上，過去五年裡，他們毫無交流，甚至在聖誕節或新年時也沒有。

以擁抱禪，和解並療癒深度創傷

以擁抱禪，和解並療癒深度創傷。

一對互相很不友善的夫婦來參加我們在佛蒙特州為期三週的禪營。禪修期間，這位女士對丈夫很生氣，威脅要將汽油倒在他身上，放火燒他。她極為憤怒。

警察來了，告訴我們一位男士向他們投訴他的妻子要放火燒他。

在我介紹了「重新開始」的修習以後，這位男士走向我，說：「我的妻子想放火燒我。但願她能聽到你的介紹。下週，若您再次介紹『重新開始』，如果她能參加，會很有幫助。」我邀請他的妻子來參加下週的演講，之後與他們見了面。談話結束時，我引導他們進行擁抱禪。當時我已瞭解了他們各自的背景，這讓我能以一種很私人的方式引導他們。

我說：「不要馬上擁抱彼此。看著她。」然後我代丈夫說：「這位我愛了近兩年的美麗的年輕女士，為我放棄了一切——她的家庭、祖國、工作和職業生涯，給了我三個優秀的孩子。我怎麼會擁有一位如此可愛清新的年輕女士？我的行為很不善巧，讓她受了很多苦。她仍然愛著我，仍然在我懷中，仍然是我三個孩子的媽媽。這，多麼奇妙。」

然後我替妻子說：「這是我的丈夫，這位英俊有才華的年輕醫生讓很多同事印象深刻。我很開心我們選擇了彼此。因為我們的不善巧，傷害了彼此，加劇了相互攻擊與指責，但我們對彼此的深愛仍在那裡，可以從我們三個親愛的孩子身上顯化。」

我瞭解了每個人的背景，列舉了彼此身上美好的事物，然後我提到孩子：「而這愛的果實是，我們一起創造了擁有我們自己、我們父母和祖先的所有最好特質的延續，這多麼美妙。我們代表了兩種血統

不要馬上擁抱彼此。看著她。

走到一起，透過我們的孩子讓生活更美好。」這之後他們哭得很厲害。
第二天他們帶著孩子來見我，並擁抱了我。這是非常快樂的擁抱禪。

Chapter 8

重新開始的故事

從數對伴侶的真實故事中，
感受「重新開始」的正向療癒，
或許，你也能試著在周遭的關係中，
習得這份美妙的贈予。

現在！

《約翰．薩雷諾—懷特的故事》

一個好朋友在強調自種酪梨的好處。他問我：「你知道種一棵酪梨樹的最佳時間嗎？」我聳了聳肩，搖搖頭。他說：「現在！」他認為，如果某件事有巨大的益處，我們應該立刻朝這個方向行動。

重新開始也是如此。當情況出現，需要與他人修習「重新開始」時，應該就在那一刻，或我們仍能掌控的時候進行。如果等得太久，可能會錯過在此時此地修習的益處。**「重新開始」的修習步驟和順序，**

是為了在需要時使用，而非教條。我們不一定總是修習所有步驟。當我們能以非正式的方式使用它的原則，比等到條件「合適」時以正式的方式進行更好。

然而，要想成功地以不那麼正式的方式修習「重新開始」，需要對正式的修習有堅實的理解。有了理解的基礎，修習者就會知道如何照料自己和他人之間可能出現的痛苦。我們準備好照顧許多人心中的花園，並在此刻就表達這份關心——現在！

如果某件事有巨大的益處，我們應該立刻朝這個方向行動。

聖地亞哥朝聖之路的重新開始

《米契爾．拉特納的故事》

二〇〇八年，我和妻子安瑪莉從法國東南部的勒皮昂沃萊（Le Puy-en-Velay）步行了一千英里，來到西班牙西北部的聖地亞哥孔波斯特拉（Santiago de Compostela）。大多數的日子，我們每天走上七到十小時，沿著朝聖者一千兩百年來的路線抵達了聖地亞哥孔波斯特拉。根據傳說和天主教會的說法，那裡供奉著聖詹姆斯的遺骸。我們輕裝旅行，背包裡只帶必需品。

多數早晨，我們六點半醒來，收拾行李，吃完早餐，開始行走。上午十點左右，我們會開「晨會」，就像幼稚園小朋友那樣圍坐在一起，也修習梅村的「重新開始」。我們會問候彼此，唱首歌，然後感謝彼此和那些不同程度鼓勵過我們的人。例如，安瑪莉可能會感謝我願意去她想去的教堂，我會感謝頭一天遇到的一個對我們很好的人。

表達感恩之後，我們分享歉意和悲傷。我們談論自己希望做到和尚未做到的事情，以及我們因為各種原因而承受的痛苦。我們的歉意和悔疚，往往與我們對其中一方的意見或行動不理解有關。有時只是分享悔疚，就像我們其中一個特別想去參觀的博物館已經關門了

表達感恩之後，我們分享歉意和悲傷。

一樣。

分享完感恩、歉意和悲傷後，我們轉向「新聞與宣告」，包括當天的打算、計畫去的車站和購買的東西，例如郵票或明信片。通常，我們的分享會變成關於老習慣、童年創傷或內在渴望的長談。前面雖有幾英里的路要走，但我們並不匆忙。晨會有時會進行幾個小時。

「重新開始」的修習加深了我們的關係，讓我們的行程更加愉快。儘管我們已結婚二十八年，我們的生命從未像這次旅行中這樣親密、持續地交織在一起。三個月來，我們朝夕相處。因為每天的確認，很快就知道相互的小傷害與痛苦，並且道歉。我們每天對彼此，和對圍繞著我們的生命奇蹟的感恩都在加深。

「重新開始」的修習加深了我們的關係，讓我們的行程更加愉快。

將重新開始介紹給家人

《約翰．摩爾的故事》

我姊姊和父親在度假時發生一次劇烈爭吵，導致了僵局。自從姊姊住在國外以後，沒有機會面對面處理，我也不確定他們是否願意和解。我決定給他們倆寫一封郵件，也寫給母親、哥哥和大嫂。我描述了「重新開始」的修習，然後以自己的感受為例。

我灌溉了他們倆的花朵，溫和地溝通了困難和歉意。對我來說，發這封郵件確實感覺像是冒險。我必須很小心不讓別人覺得我在強加自己的意願，所以盡量讓溝通簡單。雖然他們沒有用我提議的相同模式，但有些談話確實導向了關係的療癒，也沒有因此忽視傷害。

我灌溉了他們倆的花朵，溫和地溝通了困難和歉意。

與孩子一起灌溉花朵

《安妮．馬翁的故事》

我們將灌溉花朵做為我們為孩子準備的幼兒瑜珈和正念夏令營的一部分來修習。在夏令營的每週末，我們會讓孩子們和輔導員圍坐成一圈，中間有朵花。我們解釋了灌溉花朵的方法，然後請每個孩子灌溉他們在過去一週相處的夥伴或成年人的花朵。每個孩子準備好後便站起來，跪在他正在灌溉的人面前，或是把花拿起來回到座位。然後他表達為什麼欣賞那個人。當他完成後，便回到座位上，或者把花放回中間。

所有年齡的孩子和青少年都修習得很好。有一年，夏令營成員當中發展有點遲緩的約翰和倍受歡迎的女生萊拉成為了好朋友。這段經歷對他們來說都很美好。約翰通常不會從同齡人那裡得到很正面的回應，尤其是女孩。當萊拉分享她對約翰的欣賞時，約翰如此開心。我想，如果沒有灌溉花朵的儀式，萊拉也許不會停下來考慮像約翰這樣的人的正面特質。她現在對其他發展遲緩的孩子可能也有了不同的看法。

請每個孩子灌溉他們在過去一週相處的夥伴或成年人的花朵。

兩個人的重新開始

《萊妮絲．里昂的故事》

當兒媳問我如何哄兩歲的孫子瑪竇斯午睡時，我回答：「我吻他入睡。」我們讀一個故事，我輕撫他的背，告訴他愛他的人的名字，然後說：「我會保護你，讓你安全。」那時他通常已經睡著了。如果還沒有，我會溫柔地吻他的臉頰和額頭，直到他睡著。

外孫的出生讓我看到了療癒我和家人的契機。當我兒子一歲時，我成了單親媽媽。痛苦的離婚帶給我的創傷反應是很恐懼的。我在夜間無言的驚恐中如履薄冰，迫切尋求分散注意力。我不斷參加社交活動，很難把注意力集中於正在成長的孩子身上。現在，透過正念的修習，我知道了孩子們最渴望的是我們的陪伴，而我想要的也是真正享受瑪竇斯的存在。感恩僧團，我明白了活在當下是什麼感覺。

當瑪竇斯來家裡時，我會把一切都準備好：擺好玩具、尿布，準備好午餐，這樣我就可以全身心地關注他。他在的時候，我不洗碗、不洗衣服，也不打掃屋子。只在他父母來電話時才接電話。

我很幸運，因為我對瑪竇斯的愛是自在的。現在他兩歲半了，兩

透過正念的修習，
我知道了孩子們最渴望的是我們的陪伴。

年多來他每週二都會來我家。我沒有表現出憤怒，也沒有提高音量或用不友好的語氣。所以當我突然失控傷害他時，我很震驚。

我們在我母親的公寓裡。我正給躺在我母親床上的瑪竇斯換尿布。突然，瑪竇斯伸出手來在我手臂上咬了一口，這是他從未做過的。我立刻感到自己的手在他臉上拍了一下。這不是一個輕柔卻也不是很重的耳光，但一定會疼。他在一陣啜泣中跑開了。我明白不是因為巴掌的力量，而是我們關係的改變讓他如此傷心。我抱著他，重複著：「對不起，瑪竇斯，我很抱歉。」

當我送瑪竇斯回家時，我把發生的事告訴他媽媽塔瑪拉。她說：

「但是他咬了你。」我回答說：「是的，但我不想打他。」然後我和塔瑪拉的關係竟緩和了，因為她告訴我，她有時也會沮喪，並對自己的行為感到歉疚。

那天晚上在家裡，我想起了佛法老師琳凡關於「重新開始」的教導。首先，灌溉花朵：說一些真誠的話語，滋養那接受灌溉之人。其次，表達有益的歉意。然後，表達希望避免類似行為的意願。於是我寫了一封信，第二天讀給瑪竇斯聽：

「我喜歡你跟著音樂打鼓唱歌、精力充沛的樣子。我喜歡你的鼓

我明白不是因為巴掌的力量，
而是我們關係的改變讓他如此傷心。

樂會。很抱歉我昨天打了你。我會修習照顧好我的憤怒，以後我會溫柔的。我希望你和奶奶在一起時感到安全。也請照顧你的憤怒。當你生氣時，請用語言告訴我。我愛你，親愛的孫子。」瑪竇斯明快地回答說：「你能再讀一遍嗎？」

下週二，當瑪竇斯來我家時，他問：「你生氣時會告訴我嗎？」我說：「是的，我會的。」當瑪竇斯不遵循我的意願時，我覺察到了憤怒，我告訴他：「我要開始生氣了。」我期望他做我希望他做的事情。我試了幾次，直到靈光一閃：我竟期待著一個兩歲大的孩子來照顧我的憤怒！我需要吸氣和呼氣：「你好，我的憤怒，我看到你在那裡。」我盡最大努力呼吸和行走，或是呼吸和坐著，直到這種感受平息。

自我上次失控已過去三年，有幾次瑪竇斯問我：「奶奶，還記得你打我的時候嗎？」「是的，我記得。」我說：「現在我能更好地照顧自己的憤怒了。」我確保了瑪竇斯的安全。

我們現在有一個修習洞穴，在我臥室裡有一個放著兩個坐墊的小空間，牆上有繪畫，還有一個鐘。我們倆誰都可以去那裡，不被打擾。我盡力覺察我的憤怒。我告訴瑪竇斯：「我需要去洞穴平復自己。」我坐下來，大約深呼吸十次。當我回來時，瑪竇斯看到我臉上的笑容。

「你生氣時會告訴我嗎？」

我說：「是的，我會的。」

最近的一天晚上，當我在家裡哄瑪竇斯睡覺時，他對我說：「你的整個身體都在我心裡。」

「我很開心能在你心裡。」我回答。

他繼續說：「我的整個身體也在你心裡。」我能夠為瑪竇斯在那裡，是因為僧團為我在那裡，在我之中。禪師的教導為我們指明了道路。我珍視這些禮物。

關係法

《賈奈兒．康貝莉的故事》

我坐在露台上，桌子對面是和我一起住了三週的室友卡蘿。桌上的花瓶裡面有橙白相間的波斯菊、粉色的百日菊和藍色的鼠尾草，溫暖的晚風中燃有一支蠟燭。卡蘿和我閉眼靜坐了一會兒，然後我請鐘（正念地擊鐘）。這是我們第一次在一起修習「重新開始」。

我們在市中心租了一棟很大的舊房子——她，為了逃避二十五年

我很開心能在你心裡。

的婚姻破裂；我，則為了離開一個街區外母親的庇護。我們並不太瞭解彼此。在搬到一起住之前，我告訴卡蘿我希望每週開一次「家庭會議」，做一種名為「重新開始」的修習。

現在，我足夠瞭解自己，能夠接受自己喜歡以某種方式做事（年齡的增長是福分）。我對自己和他人都有極高的標準。這對我的編輯工作來說是好事，但對我的人際關係來說卻是壞事。我傾向於把事情放在心裡，尤其是惱怒、傷害和生氣。我情願控制這些情緒，也不願意傷害他人的感受。當有事情困擾我，例如水槽裡的髒盤子、餐桌上的雜亂，或凌亂的碗櫃，我不說話，我看著它們。

與卡蘿住在一起後，我知道自己需要一些正式的方法來解決可能出現的任何分歧。我幾乎沒有意識到，修習「重新開始」的過程創造了一個又一個奇蹟，並成為我靈性修行的重要成分。

修習

卡蘿和我靜靜地坐在後院，陶醉於知更鳥和雀鳥的夜曲聲中。我專注於呼吸，希望自己能說出那些需要表達的話語，同時克制那些沒必要說的話。我內心充滿了深深的平靜。

> 我專注於呼吸，希望自己能說出那些需要表達的話語，同時克制那些沒必要說的話。

我們開始了。

我在一張紙上寫下了我所理解的四個步驟：

❶灌溉花朵

❷表達歉意

❸傷害／憤怒／怨恨

❹尋求幫助

我先來。我害羞地看著卡蘿，告訴她我喜歡和欣賞她的地方：她在面對巨大的情感壓力時表現出來的勇氣、她對兩個尚幼的成年孩子的投入、她的幽默感、她的廚藝以及她隨和的性格。我能感覺到她很開心，輪到她灌溉我的正向種子時，我也有同樣的感受。被人公開欣賞是一件美妙的事情。

接下來，我表達歉意。我們在一起度過的頭三週很順利，但我頭腦裡的法官和陪審團已經根據各種小事，給我溫和的室友定罪了。在櫥櫃上留下麵包屑——有罪。把洗碗機裝錯了——有罪。早餐當我想獨處時和我說話——有罪。當然，這些瑣事太愚蠢，所以我從未向她提及，審判只是在我自己的頭腦裡無休止地進行著。這讓人疲憊，也在不斷累積。我發現隨著它的生長，怒火越來越接近於爆發，所以我

我能感覺到她很開心，
輪到她灌溉我的正向種子時，我也有同樣的感受。

為自己有著一個很挑剔的頭腦表達歉意。要與小小的雜亂無章和他人的習慣一起生活，還要輕鬆看待，對我而言是一種掙扎。卡蘿則為自己最近的情緒化致歉，因為她很容易因自己那殘酷得令人費解的前夫而哭泣、憤怒。

我們尚未完全掌握悉心聆聽的技巧，所以我們會打斷對方，讓對方知道我們理解了。在之後的修習中，我們開始使用花束做為「談話棒」，並盡量不打斷彼此。但對兩個喜歡聊天的人來說，這是一個持續的挑戰。

現在來到了真正困難的部分：表達憤怒和傷害（還有不能忍受的

東西，我有成千上百個）。這樣做時，我會感到不好意思，但我提及了幾個我在意的問題，主要是關於廚房，這並沒有困擾她。起初她皺眉，然後微笑。然後輪到她，她說希望我早上不要那麼暴躁。我可以接受。

第四步很容易做到：我要求她幫助我變得更靈活、隨和，她則希望我幫助她變得更冷靜、專注。我們站起身來，兩個人都容光煥發，然後擁抱。對我來說，在這短短的四十五分鐘時間，我們的關係從偶然的同住，加深到了精神上的友誼。我們之間開始有了很深的信任，這種信任來自於彼此分享的痛苦和可怕之事。如果沒有這個過程，可

我們尚未完全掌握悉心聆聽的技巧，所以我們會打斷對方，讓對方知道我們理解了。

能要很多年才能建立起這份友誼。

重新開始的祝福

現在，因為我們更瞭解彼此，所以有了更多的慈悲。卡蘿盡量適應我對秩序的需求，我也放下了很多不能忍受的事情。令人驚訝的是，當真正困擾我的事情發生時，我甚至學會了表達——善巧地。

更大的奇蹟發生在我們第三次「重新開始」時。自我們第二次修習已過去幾週。儘管我們打算每週進行，但還是沒能堅持。我對小事的憤怒正侵蝕著我。這一天，我真的需要「重新開始」了。輪到她先開始。當她進行到第二步時，她猶豫了很久，然後坦言她真的做了讓她深感抱歉的事情：在本週初他丈夫生日的那天，她的家人在附近的餐廳慶祝，但沒有她，她開始有想自殺的感覺。當我外出參加每週的共修會議時，她會過量飲酒（通常我們都不喝酒）。我對這些一無所知，直到卡蘿在「重新開始」中含淚傾訴。

我的惱怒立即消失，取而代之的是慈悲與溫柔。我們交談著，悉心聆聽彼此，為對方的療癒提供支持。在這神聖的儀式中，令人驚訝的洞見升起，彷彿這個過程把我們帶到了一個可以共享的智慧深處。

因為我們更瞭解彼此，所以有了更多的慈悲。

幾個月過去了。我們計畫明天早上「重新開始」。我們現在變得鬆懈了。幾天前也為我們的第一次爭吵付出了代價。當然是因為很小的事情，我們都為自己發脾氣感到抱歉。我們已處理這個問題，但我期待著更深入地解決它。

說我期待並不真確。「重新開始」並不容易，尤其是對我們這些從未學習如何表達憤怒和傷害的人來說，這是一個很有挑戰的修習，但會產生深遠影響，不只是對我們自己。一行禪師寫道：「我們在日常中生活，所以每分鐘都應該重新開始。如果每個人都這樣修習，未來就有希望。深入觀察，使更新成為可能。共修團體的建設是我們應該學習的最重要的藝術。」

在只有我們倆的小團體中，我深入覺察我的期望、憤怒和我的控制欲——頭腦的神經質之舞。「重新開始」是一種將正念顯化在關係中的強大工具，讓我在生命中有了更多的信任和愛。

現在，一個髒亂的廚房不再會召喚法官和陪審團了，我可以輕鬆地處理並微笑。何等的自由！

「重新開始」是一種將正念顯化在關係中的強大工具，讓我在生命中有了更多的信任和愛。

參考書目

《和好，療癒你的內在小孩》，一行禪師（自由之丘出版）
Reconciliation: Healing the Inner Child, Thich Nhat Hanh

《活得安詳》，一行禪師
Being Peace, Thich Nhat Hanh

《愛對了：用正念滋養的親密關係，最長久》，一行禪師
Fidelity, Thich Nhat Hanh

《幸福》，一行禪師
Happiness, Thich Nhat Hanh

《正念急救箱》，一行禪師
Mindfulness Survival Kit, Thich Nhat Hanh

《活在正念的愛裡：從慈悲喜捨的練習中，學會愛自己也愛他人》，一行禪師
Teachings on Love, Thich Nhat Hanh

《體味和平》，一行禪師
Touching Peace, Thich Nhat Hanh

《深度放鬆》，真空法師
Deep Relaxation, Sister Chan Khong

《真愛的功課》，真空法師
Learning True Love, Sister Chan Khong

《覺醒的喜悅》，詹姆士．巴拉斯＆肖莎娜．亞歷山大
Awakening Joy, James Baraz and Shoshana Alexander

《愛的花園：通往真愛的禪修習題》，佩姬．羅伊．華德＆賴瑞．華德
Love's Garden, Peggy Rowe Ward and Larry Ward

《涅槃之前：從懷疑到正念》，瑞秋．紐曼
Not Quite Nirvana, Rachel Neumann

《傳遞》，喬安娜．梅西
Pass It On, Joanna Macy

《十次呼吸走向幸福》，格林．史奈德
Ten Breaths to Happiness, Glen Schneider

InSpirit 27

擁抱禪，重新開始

療癒關係的正念修習四部曲【特別收錄：一行禪師序文〈一個人的幸福〉】

作　　者　真空法師（Sister Chan Khong）
譯　　者　劉珍
總 編 輯　張瑩瑩
主　　編　蔡欣育
責任編輯　王智群
封面設計　萬勝安
內頁排版　藍天圖物宣字社
出　　版　自由之丘文創／遠足文化事業股份有限公司
發　　行　遠足文化事業股份有限公司
　　　　　地址：231 新北市新店區民權路 108-2 號 9 樓
　　　　　電話：（02）2218-1417　傳真：（02）8667-1065
　　　　　電子信箱：service@bookrep.com.tw
　　　　　網址：www.bookrep.com.tw
　　　　　郵撥帳號：19504465 遠足文化事業股份有限公司
　　　　　客服專線：0800-221-029

讀書共和國出版集團

社長　郭重興
發行人兼出版總監　曾大福
業務平臺總經理　李雪麗
業務平臺副總經理　李復民
實體通路協理　林詩富
網路暨海外通路協理　張鑫峰
特販通路協理　陳綺瑩
印務　黃禮賢、李孟儒
法律顧問　華洋法律事務所　蘇文生律師
印　　製　前進彩藝有限公司
初　　版　2020 年 9 月

國家圖書館出版品預行編目（CIP）資料

擁抱禪，重新開始：療癒關係的正念修習四部曲／真空法師著；劉珍譯. -- 初版. -- 新北市：自由之丘文創出版：遠足文化發行，2020.09

面；　公分. --（InSpirit ; 27）

譯自：Beginning anew : four steps to restoring communication

ISBN 978-986-98945-2-4（平裝）

1. 佛教修持　2. 人際關係

225.87　　109007857

線上讀者回函 QR code
您的寶貴意見，
是我們最大的進步動力

自由之丘官網 QR code

歡迎團體訂購，另有優惠，請洽業務部（02）22181417 分機 1124、1135